日本史籍協會編

德川昭武滯歐記錄

一

東京大學出版會發行

例言

一、本書は外務省編纂續通信全覽類輯所收「德川民部大輔歐行一件、付佛國博覽會」十四卷同附錄二十五卷を便宜「德川昭武滯歐記錄」と題し、本編十四卷を收めてその第一と爲し、以下逐次刊行せんとす。

一、慶應三年(西曆千八百六十七年)佛帝「ナポレオン」三世治下の巴里に於て、宇內の名產珍器を蒐め、列國貴顯參列の下に世界博覽會の開かるゝや、當時特に佛國と親善なる關係に在りし幕府は將軍の愛弟にして淸水家の當主たる德川民部大輔昭武を參列せしむると共に、幕府・諸侯及商賈より國産を出陳し、尙この年少可憐の公子をして締盟各國を歷訪せしめ、更に數年間佛國に留學すべきを命じたり、昭武は同年正月その傅役山高石見守信離以下の近侍及全權公使の任務を執るべき外國奉行向山隼人正一履その屬僚留學生等を隨へ橫濱を解纜し、先づ巴里に赴き極東帝國よりの一貴賓として禮遇を受けたる後、瑞西・和蘭・白耳義・伊太利・英領マルタ及英國を歷訪し、その元首へ謁見を畢りたる後、居館を佛京「ボア・ド・ブーローニュ」に近き高燥閑靜なる地に構へ、佛國政府選任の陸軍士官「ウイレツト」中佐を補導として王公貴紳の敎養を受けたり、又博覽會出陳の我國産諸品、就中漆器陶磁器紙類は歐人の賞讃を博し、最高名譽の大金牌を初め數十類の賞牌を贏ち得たりき、然るに時は既に幕府壞滅の危機に近づき、變轉極りなき故國內外の形勢はこれ等閫外の使臣を驚動困惑せしめたるもの多く、外に於ては博覽會に關して薩藩の特使岩下方平等との間に一大衝突を惹起し、又我國政權の所在に關する論爭は屢外紙上に於て論評せられ、動もすれば幕府の立場を不利ならしめんとするものあり、加之民部公子の巡歷留學費及隨員一行の滯在費の如きも、巴里に於て佛人の手に依り調達せらるべき豫定に支障を生し、苦心奔走の結果英・蘭二國銀行の融通に依り纔に失態を異邦に暴露することを免れ得たるの類これなり、斯くて外國奉行栗本安藝守鯤の更に特命を受けて渡佛し向山等と交代するに及んで、公子の留學を初め對佛人關係の諸件漸くその緒に就きしと雖、時機既に去り、幾もなく昭武・鯤等は悉く新政府召還の命令に依り歸朝を餘儀なくせしめられたる也。

一、本書第一卷には此行に關する幕府の令達、有司の禀申、使節隨員の公私信及同儕の內國政情を報ずる用狀等を收載しあれば、使節一行の行動、各宮廷の禮遇、國際場裡の見聞は勿論內外政情をも窺ふに足る有力なる資料なり、本會既刊の「澁澤榮一滯佛日記」「川勝家文書」と合せて此一行に關する記錄は玆に略ぼ完しと言ふを得べし。

一、本書第二卷以下に收載すべき附錄の部は主に博覽會に關する記錄にして、參加手續、出品目錄、同價格、參加に關する經費、出陳物品の賣却處分等を含めるを以て經濟・產業資料として貴重なるものなり。

一、本書は特に外務省の命あるを以て原文に取捨を加へず、人名・地名等も凡て原本に從へり、只文書各通に番號を附し目次原文の外に簡單なる目次を註記し讀者の便宜に供せり。

一、本書の刊行を許可せられたる外務省の好意に對し玆に深厚なる謝意を表す。

昭和七年二月

日本史籍協會

徳川昭武滯歐記錄第一（原題、徳川民部大輔歐行一件 附佛國博覽會）

目次

徳川民部大輔歐行一件 附佛國博覽會 卷一

同卷二

同　卷四

同卷五

○慶應三丁卯年

同巻六

同卷八

〇慶應三丁卯年

書翰）　二七二
一六　同廿六日、公子巡行は英幷に白耳義の兩國中何れを初めとせしやの義或は金融出來に付爲替拂方差支無之旨取計ふへくとの件孫太郎身分且同人病症の義佛帝夫妻東國に赴き同國帝と面談有之件等の條々太一より同僚への書翰（民部大輔各國巡行其他數件田邊太一より同僚への書翰）　二七三
一七　同廿七日、フロリヘラル幷クレーへ入用金爲替取計方の件談判其他關係の條々向山隼人正の書翰（經費調達とフロリヘラル幷クーレー其他の件向山隼人正より塚原但馬守等への書翰）　二七六
一八　民部大輔巡國中留守心得の義日比野清作の伺書（民部大輔各國巡歴留守中心得方に付調役の伺書）　二八二
一九　公子各國巡歴留守中心得方覺書（同上留守中心得書）　二八三

同巻九

○慶應三丁卯年

同巻十

同巻十一

同巻十二

○慶應三丁卯年

同卷十三

同卷十四

目次終り

徳川昭武滞歐記錄第一（原題、徳川民部大輔歐行一件）

徳川民部大輔歐行一件　附佛國博覧會　巻一

一　松平民部大輔佛國へ派遣の旨水戸藩家老への達書　慶應二年十一月廿八日

丙寅十一月廿八日
（巻表）
（水戸殿家老衆へ

松平民部大輔

來年於佛國博覧會有之候に付爲　御使被差遣候旨被　仰出之

〇

丙寅十一月廿八日

(卷表)
〔水戸殿家老衆へ

松平民部大輔

來年於佛蘭西國博覽會有之候に付爲　御使被差遣候旨被　仰出之
右之通被　仰出候間其段民部大輔へ御申越可被成候樣被申上候事
右十一月廿八日水戸殿家老へ美濃守殿御直渡御列座《マヽ》
前日家老衆罷出候儀達之

二　松平民部大輔清水家相續の儀申渡の件　慶應二年十一月廿八日

丙寅十一月廿八日
水戸殿御舍弟松平民部大輔殿事思召も被　爲在候に付清水家相續被　仰
付之

三　松平民部大輔徳川と稱すへき旨の達　慶應二年十一月廿八日

松平民部大輔殿

清水家相續被　仰付候に付向後德川と被稱候事

四　松平民部大輔佛國へ派遣に付同公使へ通知書翰案取調の件　慶應二年十一月廿九日

丙寅十一月二十九日
(卷表)
外國奉行ゝ

水戸殿舍弟
松平民部大輔

來年於佛蘭西國博覽會有之候に付爲　御使被差遣候旨被　仰出之
右之通被　仰出候間得其意右之趣佛蘭西ミニストルゝ申遣候書翰案取調可被差出候事

右十一月廿九日周防守殿御達し

五　松平民部大輔佛國へ派遣手續等に付達書　慶應二年十二月朔日

丙寅十二月朔日

(卷表)
博覽會掛之面々

外國奉行 い

水戸殿舍弟松平民部大輔儀來年佛蘭西國におゐて博覽會有之候に付爲
御使被差遣候旨被　仰出候に付被差遣方手續勘辨致し可被申聞候事

右十二月朔日美濃守殿御達し

六　同件に付手續書差出の件　慶應二年十二月三日

丙寅十二月三日

(卷表)
博覽會御使被差遣候に付手續取調申上候書付

博覽會掛

外國奉行

今般佛蘭西博覧會有之候に付爲　御使水戸殿御舍弟松平民部大輔殿同國へ被差遣候に付右手續取調可申上旨御書取を以被仰渡奉得其意則別紙取調佛國フロリヘラルトへ之書簡案相添此段申上候以上

寅十二月

書面フロリヘラルトへの書翰は本月六日之條に在り

○

別紙

一御出帆之儀は來正月初旬迄を限り候就而は御軍艦にて早々御東歸之上夫々御支度等有之度候事

但西暦第四月一日御國二月廿七日に當り候彼地おゐて各國使節集會禮典有之夫より壹ケ月を經而五月一日御國三月廿七日に當り候より諸品展覧に相成候事之旨佛人シウエリヲン申立候間本文之頃合御出帆相成不申候而は御間に合

兼候間御用意は當年中に被遊候樣奉存候

一御出立前可相成は外國之事情其外等横濱表に罷在候クレイ始彼國人共　〔第二〕
へも御面接之上諸般御親炙御座候方御都合可然哉と奉存候間御東歸之
上御出帆迄は横濱語學所へ御旅宿相成候樣仕度事

一御附添役々並被召連候御家來共は可成丈少人數之方可然則外國奉行一　〔第三〕
人同支配向一兩人通辨之もの一兩人も被召連候而可然事

下ケ札
〔通辨之儀横濱語學所生徒之内人撰之上被　仰付候樣仕度候事

一御附添役々人數御治定次第早々被　仰付候樣仕度候事　〔第四〕
但御國在留佛國ミニストルへ御申入且フロリヘラルトへも御賄方其
他諸般手續も可有之間申遣し候方可然奉存候

一御乘組船は佛國飛脚船之事
但彼方於而軍艦を以御送り可申上旨申立候はゝ其節は右に御乘組可

然奉存候
一彼地おゐて御旅館之儀は兼而御國御用取扱居候フロリヘラルトへ博覧會掛より申遣置相當之御旅宿御設置被遊候方御都合可然事
但展覧會場に相成候得は東西洋は勿論亞米利加洲其他諸洲之もの輻湊可然《致カ》候間旅店等何れも群聚いたし其上格別之價にも可相成間別に家屋御借受御住居被遊候方御都合可然奉存候附而は右書簡差立申候
一上様より佛國帝へ之御書簡御手前様方より同國外國事務執政へ之御書簡可被差遣事尤右寫相添在留同國ミニストルへ御書簡被差遣可然事
但右御國書御書簡は追而取調相伺可申奉存候
一御贈品之儀は御持越にはおよひ申間敷尤彼地御越之上御招待等申上候もの可有之哉に付右御用意として御國精工之御品に而格別不嵩もの少々御持越可然事
一御國旗凡三流程も　御持參可然事

第五

十二月京都表ゟ申越候下け札

第一　當十二月廿八日方於兵庫港乘組正月九日方出帆之積を以支度爲致候事

第二　期限相迫居殊に內情之都合も有之橫濱行は相整兼可申攝海へ諸公使來船當月中に候はヽ其節面接之積

第三　召連候人數側向七人之外從公邊御付添陸軍方貳人御醫師壹人都合拾人にᚔ外國奉行以下御取調之通尤人體は御取調御伺可被成候事

第四　前條下け札之通りに付此條別段被仰付候に不及奉存候

第五　御用意品御國旗共於江戶表御出來之積前條下け札之外總て江戶表にて御取計之事

○

別紙

急速江戸表へ申遣彼方引合早々可被申越廉々

一外國公子連枝幷外國事務宰相各位召連候人員 〔一ケ條〕

但公子連枝宰相と各々異同有之哉

一同斷同人幷召連候附屬之もの荷數 〔二ケ條〕

但航海幷着港滯立《留カ》中入用品可持越分

一召連候官員何々之役目之もの必用に候哉各國之振分 〔三ケ條〕

一各國公子連枝幷外國事務宰相等賜物之等差大凡何々等之品 〔四ケ條〕

一右贈物國帝幷皇太子外國事務宰相各位等差 〔五ケ條〕

一外國事務宰相へ之贈物 〔六ケ條〕

但人員

一和春幷フロリヘラルトへ贈もの 〔七ケ條〕

一博覽會相濟英倫敦へ御使節被參候節國々女王太子幷外國事務宰相等へ之贈もの 〔八ケ條〕

一各國公子連枝外國事務宰相等旗章持參可有之何種之品持參候哉
一委任狀各國之振合　〔十ヶ條〕
一各國身分に應し官印或は自分印等持參候哉　〔十一ヶ條〕
一各國冠服何々之用意　〔十二ヶ條〕

○

第一ヶ條

自分之階級は召連候人員之多少には寄り不申儀にて今般之御使節は御補佐之もの御壹人是は萬石以下に而若年寄位之威權有之候もの御扈從之もの佛國に而唱へ候エデカン四人書記官壹人勘定役壹人右は容貌端莊に而篤實溫厚之もの御人撰にて可被差遣御家來之儀は私より申上兼候

但補佐之もの御扈從之ものは門閥身分柄巨細に御認め之事

第二ヶ條

御自用品は格別必らす御持越無之而不相成と申品は無之候

第三ヶ條
第一ヶ條に盡し有之
第四第五ヶ條
都て別段御贈品におよひ不申御饗應等申上候節御謝品として被遣候
爲め精工を極候御品五六品も御持越相成候はヽ可然候平常御親睦に
申上候は重に太子より御贈答可申上候
第六ヶ條
外國事務は壹人に御座候御贈物は無之候ゟ可然奉存候
第七ヶ條
兩人へは贈り物有之可然候土地御不案内にて御不自由にも可有之候
間通辨幷諸御用を辨し候爲め和春は姑らく御留置御使役有之候ゟ可
然左候はヽ其段私より同人へ可申遣候
第八ヶ條

私國へ而已御使被遣候而他之國へ御遣し無之候而は自然御交際上に差響候間御懇親之御意味を以各國へ御越し之方に可然候勿論亞米利加は掛隔の國に候問不及其儀右御廻國相濟候後巴里へ御留學可然候

第十ヶ條

御委任狀にはおよひ不申大君より國帝への御書簡閣老より外國事務執政へ御賴之御書簡御遣にて宜敷候右兩通の寫御添私へも御書簡被下度候

第十一ヶ條

御自分御印章而已にて宜敷御座候

第十二ヶ條

本文之儀御主意少々分兼候間次便御申越有之度候

下け札

民部大輔殿御越に付而はフロリヘラルトへ家屋其外用意いたし候様

早々御申遣可被成候

御出帆之頃合は日本正月初旬之積にて當年中には御用意御出來に無之ては御差支に相成可申御航海は佛國飛脚船御用之事

七　松平民部大輔佛國へ派遣の儀に付板倉伊賀守より井上河内守等への達　慶應二年十二月四日

丙寅十二月四日

松平民部大輔事佛蘭西國江爲　御使被差遣候旨被　仰出候依之別紙之通大目付御目付江相達申候此段爲御心得申進候以上

十二月四日

板倉伊賀守

井上河内守樣

稻葉美濃守樣

松平周防守様
小笠原壹岐守様

○

別紙
（巻表）大目付
御目付　ゝ
松平民部大輔事佛蘭西國ゝ為　御使被差遣候旨被　仰出候間為心得向々ゝ可被達候事
右書取伊賀守渡之
十二月三日

○

別紙
丙寅十二月

（巻表）
大目付ゟ
御目付

松平民部大輔事佛蘭西國ゟ為　御使被差遣旨被　仰出候間為心得向々ゟ可被達候事

十二月

下け札
松平民部大輔佛蘭西國ゟ為　御使被差遣候旨被　仰出候に付於京地は為心得向々ゟ相達當地おゐて達方之儀不申越候得共書面之通相達候方に可有之哉之事
右十二月十九日美濃守殿御達し

八　佛國公使對話の內書拔

慶應二年十二月六日

丙寅十二月六日　於稻葉美濃守宅同人松平周防守佛國公使ニ對話の内

一其後面會不致博覽會之儀も追々運付候而荷物も送候樣相成公使にも安心之事と存候

　右に付而は一々滿足仕候事而已に御座候

一大君之弟君被差遣抔不容易儀に而候

一國帝にも如何樣之品被遣候よりも悦可申候乍然可然御傳役被附置候樣仕度奉存候假令は良苗を養候には風除等いたし候も同樣に御座候就而は民部樣御越相成候に付而はカションは暫時彼方に殘り居萬端御世話可申上樣申遣置候尤同人留守中は不相替三郎は私へ附屬被仰付度候

校訂者云「三郎は鹽田三郎也」

一何頃出帆にて可宜哉

一一月程御支度にて可然今日ゟ三十二日目に横濱出帆可仕郵船有之右にて御出帆相成候はゝ可宜存候

一凡幾人程一船へ乘組出來可申哉

一幾人にても宜候乍然柴田向山等へも申談置候通り餘り多人數御召連不相成方可然奉存候鎗抔爲御持被成候ゟは自國にゟは快は存申間敷候

一大名にては平日も多人數召連候風習之所格別高貴之人殊に旅行之事故精々相減候ゟも僅之人數と申譯にも相成申間敷候

一此御席にて先算計仕候所民部樣には御補佐之御方可有之右に御附屬之者四人民部樣へ附屬之もの八人といたし候得は既に十五人近に相成申候國帝にても旅行之節は僅四人之側役而已にゟ候

一右樣には迚も參り申間敷候歐洲之風には不相成候

一固より歐洲通り之風と申上け候事には無之上樣御名代と申廉を重く御接待可申上千人二千人之御同勢御座候とも夫にゟ取扱相替候事は無之間精々御人減し被成候樣仕度候

九　フロリヘラルへ使節住宅借入依頼の書翰

付人數書　慶應二年十二月六日

丙寅十二月六日

モッシュール
フロリヘラルトゟ

以書翰申入候然は博覽會御用として御使節可被差遣候に付凡十五六人住居之家屋入用に候間相當之借家相撰被置候樣致し度此段可得御意如此候
謹言

慶應二年丙寅十二月六日

小栗上野介花押
柴田日向守花押
江連加賀守花押

石野筑前守花押
川勝近江守花押
向山隼人正花押
栗本安藝守花押

此書并本日附二通の往翰を束ねし復翰は丁卯六月十八日の條に載す

○

別紙

丙寅十二月

御書翰相添フロリヘラルトゟ相達申候

人數書

壹等拾壹人

向山隼人正殿　壹部屋

三田伊衛門　壹部屋

箕作貞一郎

日比野清作
鹽島淺吉
中山七太郎
北村元四郎
壹部屋

井坂泉太郎
加治權三郎
皆川源吾
服部潤次郎
壹部屋

貳等三人

隼人正殿御家來壹人
石見守殿御家來壹人壹部屋
長崎方手代壹人

右之通り

一〇　塚原但馬守等より永井玄蕃頭等への書翰　慶應二年十二月十七日

丙寅十二月十七日

以内狀致啓上候然は本月八日附を以公使上坂廿日までに着坂いたし候樣取計可申右日限ゟ相延候はヽ正月七日後之着に相成候樣貴樣方ゟ御申越同月十二日附にて伊賀守殿より御老中方へ前條之趣被仰越右之段御老中方ゟ御談しも有之候得共先日美濃守殿御宅於て英公使申立候件々幷此度圖書頭殿佛公使英公使と御談判之次第御地におゐて圖書頭殿より委細御建白有之右之次第柄捗取不申候半ては迚も英公使は御請致し申間敷左候得は外公使も如何可有之哉折角之　思召も泡沫に相成候間篤と熟談之上ならては意外之御不都合生し可申間此方於ては斷然正月七日過之出帆之積にて手續いたし居候間左樣御承知可被成候圖書頭

殿御建白之次第柄急速相捗候樣御取計可被下候右之捗付不申候半而は
正月七日後も見据無之候
一四ヶ國公使態々御呼寄相成候義は尤御殊典之義に付護衞向之義は精々
御手配御座候事とは存候へ共諸藩士疎暴之もの共坂地へ多人數入込有
之候哉にも相聞候處萬々一外國人之内怪我等爲致候樣之義有之候而は
御招待被成候廉へ對し御失體は申迄も無之意外之御不都合出來可致義
に付假令右樣之異變有之候とも犯人卽座に御召捕御辨解相立候樣之御
取締相立居不申候而は相成間敷候に付出口々々は勿論其他御警衞向之
義嚴重御手配相成居候樣御取計有之度候
一御國書案之儀佛公使ゟ引合候處右案文反譯差出し候間則別紙之通取直
し候御國書案は美濃守殿ゟ進達いたし候得共右は早々佛公使ゟ御達無
之而は不相成儀に付御治定之上急速被仰越候樣存候
一民部大輔殿より佛國帝其外之者ゟ御贈品之儀近江守より佛公使ゟ問合

候處國帝ハ美麗之大小最上之漆器類五六品フロリヘラルトハ同斷漆器陶器類二三品和春ハ極上之印籠類被差遣候方可然尤各國御巡行被成候はゝ反物漆器二品つゝも御持越相成可然旨申聞候得共右にゐは迚も引足兼可申存候に付各國之分は五六品宛之積り何れも當方於て夫々御買上取計候積にには候得共拵付大小之義は唯今より御誂相成候とも迚も間に合申間敷候間御手許御有合之內御太刀拵等にゐ可然御品も有之候はゝ右を御持越し相成候樣仕度漆器類も俄に御買上にゐは普通之品而已にゐ精好之品も難得候淸水御屋形にには御貯之品も多分有之旣に先頃博覽會へ被遣候積にゐ御取扱にも相成候處先つ御見合と申事にゐ夫切に相成居候此程民部大輔殿淸水ハ御直りにも被爲成候上は猶更右御貯之內にても御撰ひ相成候はゝ精工之御品にゐ相揃可申と存候間此段被仰上右に御治定相成候はゝ其段御地より此地御老中方迄ハ被仰越候樣仕度何れにも餘日無之候間早々御取計有之候樣存候右可得御意如此御座

候以上

寅十二月

向山隼人正
川勝近江守
柴田日向守
塚原但馬守

永井玄蕃頭様
服部筑前守様
平山図書頭様
原　市之進様

一追啓隼人正義民部大輔殿御附添可被　仰付間用意可致旨昨十六日美濃守殿御内意有之候尤召連候支配向之者へも御内意之趣を以夫々申渡置候様被仰聞候に付其段申渡候間左様御承知可被成候

一各國公使坂城拜謁之義に付箱館表在留之魯國コンシユルにも御書簡を以可被仰遣との義は外コンシユル共にも相響却而御不都合に可相成に付御見合之方可然と一同被存候間此段申進置候

返翰本月廿二日の條に載す

○

各國江贈品御買上凡見込

一佛國　凡拾五品程

是は帝王幷フロリヘラルト　カシヨン　レセツフ等江之分

一外拾ケ國分　凡六拾程

但壹ケ國凡六品程宛

合凡七拾五品程

外佛國事務宰相江五六品被遣候旨大坂表より御用狀來

内

一拾五品程　陶器類
是は損し易き品に付壹ヶ國壹品宛之見込にて拾壹品有之候得は可然
候得共四品は用意之積
一三拾品程　漆器類
是は御品集兼候はゝ不足之分織物反物類に換候積
一三拾品程　織物類

五品
拾品　反物類三十
貳拾
清水　拾
水晶　壹對
同　貳ッ

太刀
四十九品

一　國書案等外國奉行提出に付井上河内守等より板倉伊賀守等への書翰　慶應二年十二月廿二日

丙寅十二月廿二日
松平民部大輔佛蘭西國ゟ為　御使罷越候節被差遣候
御國書幷佛國外國事務大臣ゟ被遣候書翰案共外國奉行取調差出候間則差
進申候御伺之上否御申越有之候様にと存候此段申進候以上
十二月廿二日
松平周防守
稲葉美濃守
井上河内守

板倉伊賀守樣
松平縫殿頭樣

猶以松平民部大輔清水家相續之儀表立被　仰出無之内は德川之御稱號不被相名乘儀に候得共御一族にᡣ佛國ゟ被差遣候に付ᡣは本文御國書幷書翰ゟも德川民部大輔と相認候方可然哉御程合御勘考之上否御申越有之候樣致度存候以上

返書本月廿八日の條に載す

御國書案

恭しく
ユーヱマーイヱステイト佛蘭西國帝之許に白す今般貴國都府おゐて宇内各洲之産物を蒐集し博覽會之擧あるに付其禮典に加はらしめんか爲め貴國同盟之國々ゟ貴冑之者をして　殿下に侍せしむるを聞就ᡣ我國も右場

中之一部を領するを得しにより余も亦我名代人をして　殿下之許に差出さんとす是か爲め余および我國より大德なる　殿下幷貴國へ對し友睦懇親之情厚きを表せん爲め我弟德川民部大輔を掄選し其都府へ差遣せり乍去右民部大輔義は少年にていまた諸事に慣熟せされは幸に　殿下之宥恕あらんを望む且つ同人諸學科修業之爲め我臣下之諸子弟等數人を追々貴國都府へ留學さすへき積に付右生徒之事に付ては　殿下之配慮あられんを望む將貴國民および　殿下之幸福を祈る

ヱキセルレンシー
佛蘭西外國事務大臣に

以書簡申入候今般貴國都府於て博覽會之擧あり極て天下之大觀なれは同盟之國々よりも顯貴之者被差渡候趣に有之就ては我　大君殿下にも貴族德川民部大輔を以名代として貴國都府へ被差遣同盟之親誼を表せられ且

是迄貴政府より我國へ對し格別之懇切を盡されたれは右之厚情をも謝せしめられんとす此段　マゼスチ皇帝へ陳せられ信用あられん事を望む尤民部大輔義少年に而諸事行届かさる義も可有之間其段被差含諸事無滯相達し候樣致し度且同人右禮典畢而其都府へ留學せしめ其後生徒等も追々可差渡候間偏に其許周旋を煩し度右は

大君殿下之命を以申入候拜具謹言

慶應二年丙寅　月　日

御　連　名花押

○

佛公使より差出候案文譯

貴國都府におゐて宇内各國之產物を萃集して博覽會之擧あるに付ては其禮典に加はらしめんか爲め佛國と同盟之國々其顯貴之人を殿下之許に差出すとの事を聞けり右に付日本も此廣大なる博覽場中にありて微少之一

區を領すれは同く殿下之許に我に代るへきものを差出さんことを望めり是か爲め且我及ひ我國においてて佛國と其淑德なる主君へ對し友睦懇親之情厚きを證せんか爲め我弟德川民部大輔を命し右大擧之時にあたり殿下之許においてて我に代らしめんとす

彼は少年にして事に馴熟せされは殿下好意に宥恕あらんを願ふ且彼は佛國に留まりて成人となるへき諸學術を學はしめんと我望めり我臣下之諸子弟等數人を巴里斯へ送り傳習を受けしめんとす右生徒等に付而は殿下貴意を加はへられん事を願ふ

謹て佛國及其淑德なる主君之榮華幸福を祈る

丙寅十二月廿二日

一二　各國公使在坂中護衛外二件永井玄番頭等より塚原但馬守等への書翰　慶應二年十二月廿二日

去る十七日付之御内狀今廿二日相達致拜見候然は英公使之義に付御申越候趣承知いたし候

一各國公使在坂中護衞之義に付縷々被御申越候趣承知いたし精々手拔無之樣申談置候

一御國書案之儀に付佛公使ゟ御引合之上案文御別紙被遣伊賀守殿ゟ入御覽候處右にㇵ思召無之旨被仰聞候

一民部大輔殿ゟ佛國帝其外ゟ之御贈品之義近江守殿ゟ公使ゟ御聞合之上夫々被御申越候趣承知いたし候相伺候處大小は御指之外衞府之御太刀有之候へ共一振限に付其御地にㇵ　御代々樣ゟ之御品數々可有之候間右之內にㇵ可然御品御持越之積可取計漆器類は淸水御屋形御貯之內にㇵ可然品相撰可申旨　御沙汰之段伊賀守殿被仰聞候右は御老中方より御地御同列方へ被仰進候へ共拙者共ゟも可申進旨被仰聞候間此段得御意候可然御取計可被成候

一佛國事務宰相ゟ被遣品にハ不及旨圖書頭ゟ申上候處三ヶ年も留學生之積にて長く世話相成候儀に付右へも御土産物有之候方可然旨　御沙汰に付漆器陶器類五六品つヽ各國之分御用意之外に御持越之積可取計旨伊賀守殿被仰聞候
一民部大輔殿横濱へ御越之節乘船にいたし度候間大坂表ゟ御差向可相成御軍艦二艘有之候旨木村兵庫頭申聞候間右之內年內に是非相廻候樣御取計可被成候
右之段御報旁可得御意如此御座候已上
十二月廿二日

原　市之進　印
平山圖書頭
服部筑前守
永井玄蕃頭　印

塚原但馬守樣
柴田日向守樣
川勝近江守樣
向山隼人正樣

去る九月中佛國軍艦朝鮮と戰爭有之候趣新聞紙にて大略は相分居候へ共右之顚末無屹度在留之佛國公使ゟ御承合被仰越候樣いたし度候
往翰本月十七日の條に載す此別紙は次に掲く〇同廿七日此書別紙共江戸着

一三　永井玄番頭等より塚原但馬守等への書翰　慶應二年十二月廿三日

丙寅十二月廿三日
以別紙申進候然は御國書案之儀本文にて御差越之方にて宜旨認入候處別紙平山圖書頭ゟ直に差上候方可然旨　御沙汰に付右にて御治定之積御取計可被成候右案寫取候間合無之候間寫追て御廻し有之候樣いたし度右之

段可得御意如是御座候以上

十二月廿三日

市之進

美作守 印

筑前守

玄蕃頭

但馬守様

日向守様

近江守様

隼人正様

來輸本書は前日に在り

一四　佛帝幷に佛事務宰相への書翰案　慶應二年十二月

大君ゟ佛帝へ可被遣御書翰案

恭しく
佛蘭西國帝之許に白す今般貴國都府おゐて宇内各州之産物を蒐集し博覧會之擧ありと聞く定て同盟之國の顯貴集會あらん事と遙に不堪欣羨依て余か弟徳川民部大輔をして余か代りとして同盟之親誼を表せしむいまた少年にて諸事不馴之事に候間厚く垂教を乞ふ且右禮典畢て其都府へ留學せしめ度宜く敎育被在度猶追々生徒も可差渡候間其筋へ命令あらん事を乞ふ併て貴下之幸福を祝し貴國人民の安全を祈る謹言

年號　月　日

御　名　□

御老中方ゟ佛國事務宰相へ可被遣御書翰案

ヱキセルレンシー

佛國外國事務宰相ゟ

以書翰申入候今般貴國都府に於ゐ博覽會之擧あり極て天下の大觀なれは同盟之國々顯貴之ものを集會せしむ趣に付我か
大君殿下にも舍弟德川民部大輔殿を名代として貴國都府ゟ被差遣同盟の親誼を表され且是迄貴政府より我國へ對し格別の懇親を盡されたれは右之厚情をも謝せしめられんとす此段
マイスチ皇帝へ被爲陳信用あられん事を望む民部大輔殿義少年にて諸事不行屆義も可有之候間其段被差含無滯禮典を遂候樣いたし度且同人右禮典畢て其都府に留學せしめ其外生徒も追々差渡候間偏に其許周旋を煩し度右は
大君殿下の命を以て申入候拜具謹言

年號　月　日

御　連　名

徳川民部大輔歐行一件　附佛國博覽會　巻二

一　松平民部大輔へ隨從の儀向山隼人正への達書　慶應二年十二月廿四日

丙寅十二月廿四日
(巻表)
向山隼人正ゝ」

覺

向山隼人正

松平民部大輔事博覽會に付佛蘭西國ゝ爲　御使被差遣候節附添被差遣候間可被得其意候事

二　同件に付向山隼人正より勘定奉行への達　慶應二年十二月

丙寅十二月

（巻表）
御勘定奉行衆
向山隼人正」
瀧澤熹太郎殿

拙者儀佛國博覧會之節松平民部大輔為殿脱カ御使被差遣候に付附添被差遣候旨美濃守殿被仰渡候に付此段御達およひ候
寅十二月

三　佛國へ随行支配向の儀に付向山隼人正伺書　慶應二年十二月廿五日

丙寅十二月廿五日
（巻表）
佛蘭西國ゟ召連候支配向之儀に付相伺候書付
向山隼人正」
書面調役壹人調役並出役壹人相減
其餘伺之通可相心得旨被仰渡奉承
知候　寅十二月
支配組頭勤方
田邊太一

同調役
日比野清作

同調役並
杉浦愛藏

同同出役
生島孫太郎

御儒者次席
同翻譯御用
箕作貞一郎

箱館奉行支配調役並
作左衛門弟
同通辯御用出役
山内六三郎

私儀民部大輔殿佛國博覧會其外爲　御使被差遣候節爲御附添被差遣候旨被仰渡候に付而は前書支配向之もの共召連候樣仕度尤太一愛藏は兼而在留御用取扱申上置候趣も有之候間御交際上諸事件各國御巡歷等之御用向專ら爲取扱且在留御用手續爲取調淸作孫太郎義は博覧會御用此迄爲取扱置候ものに付右御用筋於彼表爲相勤貞一郎義は通辯をも兼相心得候積御座候へ共往返途中諸般之義多端之處六三郎義は彼方樣子も心得居諸般事馴居候ものに候間便宜之爲召連候積に御座候依之此段奉伺候以上

寅十二月

四　右同件　慶應二年十二月廿八日

（卷表）
丙寅十二月
佛國ゟ召連候支配向之義に付再應相伺候書付
書面伺之通可申渡旨被仰渡奉承知候
寅十二月廿八日

向山隼人正」

松平民部大輔殿佛國博覽會へ為　御使被差遣且御條約濟各國をも為尋問巡歷候に付私義附添被差遣候旨被仰渡召連候支配向之義以名前相伺候處書面調役壹人調役並出役壹人相減其餘は伺之通相心得候樣以書取被仰渡奉得其意候一體外國ゟ御使節被遣候節此迄之振合を以申上候得は最初新見伊勢守等亞米利加ゟ被差遣候節は全く本條約為取替候迄にゐ為差御用

向も無之候處立會方醫師相除き支配向而已六人召連其後竹内下野守等歐洲各國ぃ被差遣候節は同斷拾貳人召連猶其後兩人跡ゟ被差遣候儀に有之池田筑後守等佛國へ被差遣候節は同斷拾三人召連相越此程小出大和守魯國ぃ爲御使被差遣候節も同斷八人召連相越候義に有之尤柴田日向守佛國ぃ被差遣候節は製鐵器械御買入練兵傳習御賴迄之儀に付精々人數減少致し已後之見合には致不申積を以五人召連相越候へ共此度之義は最初申上置候通各國巡歷御交際上諸事件取計幷博覽會品物取揃方事兩端に相涉り御用向別ゐ多端に有之候に付ゐは先前見合を以定役同心等迄も召連可申處御時節柄御入費御出方にも相拘り候義に付召連不申互に申合壹人にゐ兩三人之職務相兼爲相勤候心得を以精々減少候處を以六人と相定書面之通相伺候儀に有之殊に淸作孫太郎義は最初申上候通り博覽會御用此迄爲取扱置候ものに付彼地於て右取揃方專爲相勤民部大輔殿各國巡歷之節は佛都へ相殘し置候積右樣振分け候節は最初相伺候通りにて翻譯方通辯之

外組頭共一事僅に兩人に相當り事實此上減少可仕樣も無之程之義に候處右兩人減少仕候而は博覽會御品取捌方御用向礑と差支可申却而恐入候次第奉存候間何れにも最初相伺候通召連相越候樣仕度奉存候依之御書取返上同役共申談此段再應奉伺候以上

寅十二月

（卷表）
覺」

伺之通可被申渡候事

五　上京に付隨行支配向の名前書　慶應二年十二月廿五日

丙寅十二月廿五日

（卷表）
上京御用に付召連候支配向之もの　向山隼人正」

名前申上候書付

此度私儀上京　御用被　仰付候に付而は書面之もの召連申候依之此段申上候以上

寅十二月

支配調役並
竹中佐次兵衛

同
杉浦愛藏

六　艀船用意請求に付向山隼人正より軍艦奉行への達　慶應二年十二月廿六日

（巻表）
御軍艦奉行衆　　　向山隼人正」

丙寅十二月廿六日

拙者幷支配向京都表ゟ為御用奇捷丸御船ゟ乘組罷越候に付明廿七日御軍艦操練所ゟ相揃候間本船迄艀船等御用意有之候様致し度依之人數名前幷荷物員數書相添此段及御達候

十二月廿六日

○

御船乗組人数幷積込荷物書

向山隼人正

用人壹人

侍壹人

中間貳人

明荷貳つ

両掛一荷
合羽篭一荷

支配調役並
竹中佐次兵衛

杉浦愛藏

骨柳貳ッつゝ

右之通有之候以上

丙寅十二月廿六日

七　同船賄方の儀向山隼人正より軍艦奉行への達　慶應二年十二月廿六日

（巻表）
御軍艦奉行衆
向山隼人正」

拙者幷支配向共御軍艦ニ乗組京都表ニ為御用被差遣候に付乗組中食料共手賄之積り有之候得共都而賄方之儀は水夫ニ御申付被置候様いたし度依之人數書相添此段及御達候

寅十二月

人數書前に在るを以て略す

八　松平民部大輔へ随行に付取計振向山隼人正より伺書　慶應二年十二月廿六日

丙寅十二月廿六日

（巻表）
松平民部大輔附添佛國幷各國ニ被差遣候に付
取計振相伺候書付
向山隼人正」

今般松平民部大輔佛國博覧會ニ為　御使被差遣右序を以御條約濟各國帝

王等尋問之爲め巡歴有之候方可然旨佛國公使申立候に付尙勘辨仕候處御眷族之方佛國迄被差遣御條約濟各國貴族は勿論其人民も輻湊いたし居御國より貴族之ものの參會候儀は御殊典之譯と何れも注目いたし候而已ならす出會等も可有之處他御條約濟各國ゟ不相越候而は定而遺憾に可存は申迄も無之御交際上御親疎御座候樣可存取は必定之義に付何れとも博覽會開場後爲尋問巡歴有之候方尤以可然義に有之勿論御使節之名義にて巡歴有之候而は御手重之義にて却而眞率之意味薄かるへく御入費も格外相嵩夫程之御情誼も通し兼候義に付矢張爲尋問被相越候方御都合可然奉存候左候へは御國書御書翰等は佛國之外被差遣候には及ひ申間敷哉

一往路上海表着候へは支那とは未た御條約相濟不申且一時通行迄之事には候へ共隣並之國柄遲速御通好無之而は相成間敷將此迄御國商船數度相渡り商買いたし箱館長崎外國奉行支配向之もの抔引合候事も御座候間同所道臺ゟ一應は御沙汰有之可然尤自身尋問には及申間敷支配組頭

ゟ爲引合通行之段申入候樣可仕哉
香港は英國東洋惣轄之鎮臺駐劄罷在候間是又上陸相成候はヽ私共引合
通行之趣可申入尤彼方おゐて招待之義申出候はヽ被相越候方御交際上
おゐて可然哉柴棍も佛國東洋領地之重鎮にゐ香港同樣之地に付同樣處
置相成候方に可有之哉其他新嘉埠齊狠亞丁等は時宜次第と相心得可申
哉蘇士着阨日多國通行之節は此點之振合も有之同國亞王より夫々仕向
も可有之哉奉存候程能挨拶致し候方可然且亞歷散大着いたし候はヽ佛
國おゐて待遇方手續も可有之間電信機を以佛國にゐ御國事務取扱候フ
ロリヘラルト幷和春等へ相通し外國奉行支配向之もの博覽會品物爲宰
領相越居候もの等一同馬塞里迄爲出迎出張候樣取計可申哉
朱書 本文之趣飛脚船着港發船等定式之期限も有之唯今ゟ見据申上兼
候義には御座候得共自然間合も有之候節は本文之通り御處置相
成候方可然哉奉存候間伺置候儀に有之候

一フロリヘラルト和春ゟは被下物有之候方可然旨佛公使申立之趣も有之候間別紙目錄之通爲用意持越候樣仕度右は前文申上候通亞歷散大より通達およひ候はヽ自然馬塞里迄出迎罷出可申哉に付其節被下方取計候樣可仕候哉

附箋　本文別紙品書之義は御品揃兼候間追ゐ差上候積に御座候

一馬塞里着後は佛國外國事務執政幷博覽會掛頭取之ものゟ私ゟ及文通到着之趣報知仕候樣可致尤フロリヘラルト和春等夫々周旋は可致候へ共從私申入候方に可有之哉

一佛國外國事務執政初博覽會掛頭取其外表向引合は勿論何れにも招待饗應有之候樣仕度外各國公使等は時宜次第にゐ可然哉

一各國巡歷順英國は佛國と隣合候國柄にゐ殊に盛名を競ひ居候間第一に相越夫より白耳義荷蘭孛漏生丁抹魯西亞歸路瑞西意太利

朱
本文九ヶ國之內白耳義意太利丁抹國之儀は未た本條約爲取替不相成候へ共彼地相越候內には本條約爲御取替にも可相成間巡歴序尋問之方可然墺斯里亞江も尋問相成候方可然旨佛國公使申立候へ共右は未た御條約御取結にも不相成候に付各國巡歴之節相越候も聊不都合にも被存候間引殘留學有之候節もし御條約御取結にも相成候はゝ其節寛々尋問有之候而可然哉

と巡歴一と先巴里江立戻り同國よりは亞米利加合衆國江飛脚船通航之都合も可有之間右便を以相越候はゝ同國義は御國と御條約最初之國に而殊に此度御軍艦御買入之爲其筋之もの御差遣にも相成御條約最初之廉を以て格別御懇親にも相心得居候處御眷族之方尋問有之候はゝ擧國之人民感戴喜悅可仕候に付尤以御交際御情義於て御都合可然奉存候右順路葡萄國江被相越候方御都合可然哉

朱
亞米利加國之儀遠海之地にも御座候間當節相越候儀自然差支も御

座候はゝ佛國留學之後歸路立寄相成太平海飛脚船乘組歸朝相成候は地球一周之姿にも相成候間同人修業之爲可然哉にも奉存候へ共左候而は年限も相後れ候間御交際上おゐて如何可有之哉と奉存候間本文之通申上候

一御贈品之義各國帝王等ゟ別段被差遣候には及不申民部大輔招待饗應いたし候節同人ゟ右謝禮として被差遣候爲め精工を極め候品持越相成候はゝ可然旨佛國公使申立之趣も有之候間右用意として別紙之通持越候樣可仕哉

附箋〔本文別紙品書之儀は御品揃兼候間追而差上候積に御座候

一各國帝王ゟ謁見之節民部大輔には位階相當之官服相用可然奉存候間私幷組頭以下夫々身分相當之官服着用可仕哉

一各國巡歷之節國帝國王初招待可申就而は旅館おゐて右返答として其國大臣等は必招待饗應御座候方可有之哉

一各國巡歷筋之儀前書之通相伺候へ共彼地ゟ相越候上事宜都合に應し前後仕候儀も可有之哉將其他臨時之義は時宜に應し取計候樣可仕哉
一佛國博覽會御使御用相濟民部大輔留學之手續相付候はゝ私義は御用濟と相心得支配向一同一と先歸朝復命仕候樣可仕哉
右之件々同役共申談奉伺候以上
寅十二月
（卷表）
「覺」
書面之趣は都而伺之通可被取計候事
丙寅十二月廿六日

九　松平民部大輔佛國へ派遣に付用意金の件　向山隼人正上申書　慶應二年十二月廿六日

（巻表）
松平民部大輔佛國ゟ相越候節持越候
用意洋銀之儀に付申上候書付
向山隼人正」

一洋銀壹萬弗

松平民部大輔佛蘭西國博覽會ゟ被差遣夫より各國ゟも爲尋問巡歷之積に候處右旅中御入費之儀は横濱表罷在候東洋商會首長之方ゟ引合置於彼地爲替に取組卽今御用意金不持越積御座候得共途中港々上陸場等臨時御拂方も有之右爲替金子廻り方等待居候譯にも相成兼候間右爲御用意書面之洋銀持越候樣仕度依之御勘定奉行ゟ之御斷書相添此段申上候以上

寅十二月

（巻表）
覺」

書面爲用意洋銀五千弗可相渡候間御勘定奉行ゟ之斷書取調直し猶可被申聞候事

一〇　同件に付向山隼人正より勘定奉行への通牒　慶應二年十二月

(巻表)
松平民部大輔佛國ゟ相越候節持越候用意洋銀
受取方之儀に付申上候書付

御勘定奉行ゟ御斷　　　　向山隼人正」

一洋銀壹萬弗

松平民部大輔佛蘭西國博覽會ゟ被差遣夫ゟ各國ゟも巡歷可有之候處右旅中御入費之義は横濱表罷在候東洋商會首長之方ゟ引合置於彼地爲替に取組卽今御用意金不持越積御座候へ共途中港々上陸場等臨時御拂方も有之右爲替金子廻り方等待居候譯にも相成兼候間右爲御用意書面之洋銀持越候樣仕度就而は出帆も差迫居候儀に付早々受取申度此段御勘定奉行ゟ被仰渡可被下候以上

寅十二月

一一　右同件　慶應三年正月三日

丁卯正月三日
(巻表)
民部大輔殿佛國ゟ御越之節爲御用意可持越洋銀
受取方之儀に付申上候書付
御勘定奉行ゟ御斷
向山隼人正」

一洋銀五千弗
右は民部大輔殿佛國ゟ御越之節途中上陸場等にゐ遣拂候爲御用意洋銀壹萬弗持越候樣仕度旨去寅十二月中申上候處五千弗御渡相成候間御勘定奉行へ之御斷書取調申上候樣被仰渡奉得其意候就ゐは出帆も差迫居候間書面之洋銀早々受取申度此段御勘定奉行ゟ被仰渡可被下候以上
卯正月

一二　右同件　慶應三年正月六日

丁卯正月六日
(卷表)
御勘定奉行衆
外國奉行」

一洋銀五千弗
右は民部大輔殿佛國ゟ御越之節爲御用意御持越可相成洋銀差掛り候儀に付明六日於銀座假受取申度追ゐ本手形裏判相濟次第引替可申間右之趣其筋へ御達有之候樣致し度依之印鑑貳枚相添此段御達およひ候
卯正月六日

一三　洋銀請取書　慶應三年正月六日

丁卯正月六日
請取申洋銀之事
洋銀五千弗　但メキシコドルラル

此目三拾五貫九百七拾三匁五分

右は民部大輔殿佛國に御越之節爲御用意可持越洋銀書面之通請取申處仍如件

慶應三卯年正月六日

外國方
高橋金次郎印

來吉勘兵衞殿
辻傳右衞門殿
泉谷次郎左衞門殿

右之通相違無之候以上

石野筑前守印

一四　右同件　慶應三年正月七日

丁卯正月七日
請取申洋銀之事
洋銀五千弗　但メキシコドルラル
此目三拾五貫九百七拾三匁五分
右は民部大輔殿佛國ニ御越之節爲御用意可持越洋銀書面之通り請取申處
仍如件
慶應三卯年正月
石野筑前守印
今井一郎左衞門殿
加藤次三郎殿
成瀨爲三郎殿
齋藤音三郎殿

一五　下知状の儀に付向山隼人正の願書　慶應二年十二月

丙寅十二月
（巻表）
御下知状被下方之儀相願候書付　　向山隼人正

佛國ゟ民部大輔殿爲御附添被差遣候に付而は御下知状被下置候様仕度依之別紙案文相添此段奉願候以上

寅十二月

此は聞啓致さず旨原稿に記載あり

○

御下知状案

覺

一今般佛蘭西國ゟ被差遣候に付而は諸事入念永世懇親之御主意厚相心得取計可申事

一右御用中萬事其方ゟ御任せ被成候間御國體を大切に存後來之御爲勘辨

いたし取計可申事

一御用中其方病氣又は意外之差支等有之候節は支配向頭にゐ相勤候儀と可被心得候事

一彼地にゐ見聞いたし御爲筋相成候義は勿論其外之事共委敷歸府之上可被申聞候事

一民部大輔殿被召連候もの共幷召連候ものに至る迄公儀より不被立置宗門ゐ一切不立入義と相心得居可申候へ共別ゐ嚴重可申付事

右之趣相守可沙汰之旨所被　仰出也仍執達如件

慶應二寅年十二月　日

御　連　名花押

丙寅十二月廿七日

一六　大坂表へ出立に付向山隼人正の届書　慶應二年十二月廿七日

(卷表)
大坂表ゟ出立仕候儀申上候書付

御屆　向山隼人正」

大坂表ゟ爲御用支配向召連今廿七日御軍艦ゟ乘組申候依之此段申上候以上

寅十二月廿七日

一七　佛國留學生の儀に付向山隼人正上申書　慶應二年十二月廿七日

丙寅十二月廿七日

(卷表)
佛學生徒之儀に付申上候書付

向山隼人正」

歩兵差圖役頭取
保科俊太郎
砲兵差圖役勤方
山内文次郎

此度松平民部大輔佛國其外ゟ被差遣候に付而は書面文次郎義は既に留學

被　仰付有之俊太郎義も此程同様佛國ニ留學被　仰付候間両人とも同人ニ附添被　仰付尤私進退を受候樣被仰渡可被下候依之傳習掛役々申談此段申上候以上

寅十二月

○

（卷表）
覺」

書面之趣は別紙之通陸軍奉行並ニ相達候尤右奉行幷傳習掛役々可被談候事

徳川民部大輔欧行一件　附佛國博覽會　巻三

一　徳川民部大輔佛國博覽會へ派遣の件同國公使への依頼状　慶應三年正月五日

佛蘭西全權ミニストル
ヱキセルレンシー
レオンロセスへ

以書翰申入候今般貴國都府おひて博覽會之擧有之に付我　大君殿下弟德川民部大輔殿を同都府へ被差遣候尤右は　大君殿下之御書翰を以其　國帝殿下へ被　仰入余等よりも貴國事務執政へ可申入候へ共民部大輔殿儀當分右都府へ滯留被致候積にも候へは諸事差支無之樣尙其許より本國政

丁卯正月五日

府へ可然書送有之度存候此段報告旁賴入候拜具謹言

慶應三年丁卯正月五日

井上河内守花押
稻葉美濃守花押
松平周防守花押
小笠原壹岐守花押

追啓本文
大君殿下よりの御書翰幷余等より貴國外國事務執政への書翰寫は爲心得其許へも差進候積りに有之候以上

復翰差越すや否やを詳にせす

丁卯正月五日

二　同件に付各國公使・領事への報告

慶應三年正月五日

貌利太泥亞特派公使全權ミニストル兼コンシユルセネラール

エキセルレンシー

ハルリースハルクスへ

以書翰申入候今般佛國都府於て博覽會之擧あるに付各國より貴族之者參會候間我國よりも同樣貴族之者相越候樣佛國政府之招待有之候に付我大君殿下弟德川民部大輔殿を同都府へ被差遣候此段報告およひ候拜具謹言

露蘭は拜具の二字を除く

慶應三年丁卯正月五日

井上河內守花押

稻葉美濃守花押

松平周防守花押

亞米利加合衆國ミニストルレシテント

エキセルレンシー

復翰本月九日の條に載す

○

アルヒワンワルケンホルクへ

右同文書　○

荷蘭コンシユルセネラール兼ホリチーケアケント
ヱキセルレンシー
ドデガラーフフアンホルスフルークへ

右同文書　○

瑞西合衆國コンシユルセネラール
ヱキセルレンシー
シーブレンワルトへ

右同文書　○

孛漏生権任コンシユルセネラール
ヱキセルレンシー
ドデガラーフフアンポルスフルークへ

右同文書

○

魯西亞コンシユル
ヱスクワイル
ヱホッツオーへ

右同文書

○

葡萄牙コンシユル
ヱスクワイル
ヱトワルトカラルクへ

右同文書

應慶三年丁卯正月五日

塚原但馬守花押

柴田日向守花押

川勝近江守花押

向山隼人正花押

三 保科俊太郎佛國留學の件向山隼人正及傳習掛への達 慶應三年正月五日

丁卯正月五日

（卷表）

向山隼人正ゝ

傳習掛

覺

保科俊太郎

佛蘭西國ゝ爲留學被差遣候に付而は此度同國へ爲　御使被遣候徳川民部

大輔殿に附添罷越候様可被致候尤向山隼人正幷傳習掛役々に可被談候事

右之通保科俊太郎に相達候間可被得其意候事

丁卯正月六日

四　遣佛使節とシーボルト同船の件英國公使へ通牒

慶應三年正月六日

大不列顛特派公使全權ミニストル兼コンシユルセネラール

ヱキセルレンシー

ハルリースパルクスへ

以書翰申入候我國使節佛國都府へ罷越候に付シーボルトヱスクワイル歸國序同船之儀過日外國奉行より同氏へ為相談候處差支無之趣に付其段予等より改而其許へ頼入候間同氏へ被申談候様いたし度右頼入度如斯候拜具謹言

慶應三年丁卯正月六日

井上河内守花押

稲葉美濃守　花押
松平周防守　花押
小笠原壹岐守　花押

復翰本月九日の條に載す

五　佛國へ派遣に付下僕の件向山隼人正より伺書

附下僕請證文　慶應三年正月七日

丁卯正月七日

（巻表）
佛國江被差遣候節供方并小遣之者之儀に付
相伺候書付

書面之通可心得旨
被仰渡奉承知候

向山隼人正」

此度民部大輔殿佛國博覧會江為　御使被差遣候節御附添被差遣候に付而
は私供方之儀は是迄之振合に見合候へは家來兩人或は三人召連來候へ共

百事簡易に仕可成丈御入用相當不申樣仕度候に付壹人召連候樣仕度且支配向之者共は別段從僕不召連候積御座候處途中飛脚船乘替幷各國到着之節々荷物揚卸等取扱候者無之候ゟは差支殊に此度は支配定役同心等をも召連不申旁小遣之もの爲召連候樣仕度尤先前歐羅巴各國江之御使は小遣五人召連候儀に候得共此度は精々省略いたし惣體にゟ兩人召連候樣仕度此段奉伺候以上

卯正月

○

（卷表）
覺

伺之通可被心得候事

○

附 下僕請證文

奉差上一札之事

尾州鳥ヶ地村新田
正平悴
喜作　貳十五

武州埼玉郡
喜六　貳十二

右之者今般博覽會御用に而彼地江御役々樣御出被遊候に付爲小遣御召連に相成候段然る上は右之者身分之義如何樣之儀有之候共私共引請聊御用向御差支無之樣可仕候後日爲一札仍而如件

慶應三丁卯年正月

河内屋源助代
利八　印

外國方
御役所

六　民部大輔持參の國書・老中書翰寫佛國公使へ送致の件　慶應三年正月八日

丁卯正月八日

佛蘭西全權ミニストル
ヱキセルレンシー
レオンロセスへ

以書翰申入候先般申入置候通徳川民部大輔殿使節として貴國都府へ被相越候に付持參可被致國書幷予等より貴國執政へ之書翰寫兩通差進申候拜具謹言

慶應三年丁卯正月八日

井上河內守花押
稻葉美濃守花押
松平周防守花押
小笠原壹岐守花押

復翰差越すや否やな詳にせす別紙二通は次に掲く

〇

丁卯正月八日

恭しく　ユーエマーイエステイト佛蘭西國帝に白す今般貴國都府に於て、
宇内各州の產物を蒐集し博覽會の擧ありときく定て同盟の國々顯貴集會
あらん事と遙に欣羨にたへす依て余か弟德川民部大輔をして余か代りと
して同盟の親誼を表せしむいまた少年にて諸事不馴の事に候間厚く垂敎
を乞ふ且右禮典畢て其都府に留學せしめ度宜く敎育あられ度猶追々生徒
も差渡すへく候間其筋へ命令あられん事を乞ふ併て貴下の幸福を祝し貴
國人民の安全を祈る不宜

慶應三年丁卯正月

源　慶　喜

復輸差越すや否やを詳にせす○去十二月廿三日に掲る
案書と小異同あり猶潤色せしなるへし次の書輸も同し

○

丁卯正八日

ヱキセルレンシー

佛蘭西外國事務大臣へ

以書翰申入候今般貴國都府におゐて博覽會の擧あり極て天下の大觀なれは同盟の國々顯貴のものを集會せしむる趣に付我か　大君殿下にも舍弟德川民部大輔殿を名代として貴國都府へ差遣され同盟の親誼を表せられ且是まて貴政府より我國へ對し格別の懇親を盡されたれは右之厚情をも謝せしめられんとす此段セイ子マーイエスティト皇帝へ陳せられ信用あられん事を望む尤民部大輔殿少年にて諸事行屆かさる儀もこれあるへく候間其段差含まれ滯りなく禮典を遂候樣いたし度且御同人右禮典畢て其都府に留學せられ其外生徒も追々差渡すへく候間偏に其許の周旋を賴入度候右　大君殿下の命を以て申入候拜具謹言

慶應三年丁卯正月

井上河內守花押

稻葉美濃守花押

松平周防守花押

復輸差越すや否やを詳にせす

小笠原壹岐守　花押

七　民部大輔隨員氏名幷に荷物取調書　慶應三年正月八日

丁卯正月八日

民部大輔殿ゟ御差添佛蘭西國ゟ被差遣候者共名面幷御用荷物取調書

民部大輔殿御差添人數名面書

御作事奉行格
御小姓頭取　山高石見守
　從者壹人

奥詰醫師　高松凌雲

大御番格
砲兵差圖役頭取勤方
改役兼勤　木村宗三

御勘定格
陸軍附調役

澁澤篤太夫

民部大輔殿
小姓頭取

菊池平八郎

井坂泉太郎

加治權三郎

皆川源吾

大井三郎右衞門

三輪端藏

服部潤治郎

留學生
松平肥後守家來

橫山主稅

海老名郡治

外小遣之者壹人

御用荷物

一カバン　貳拾九

一象皮文庫　貳ツ

一御刀箱　壹ツ

〆

外

一カバン　六ツ

一手文庫　七ツ

右之通り御座候以上

卯正月　石見守

一カバン　六ツ程

一刀箱　壹ツ

何分しかと取極めかたく候間大凡之處に而申上候

八　徳川民部大輔佛國博覧會へ派遣に付英國公使よりの書翰　慶應三年正月九日

丁卯正月九日

千八百六十七年第二月十二日江戸に在る不列顛公使館に於て

外國事務執政等々々閣下に呈す

余謹て去る九日附の貴翰を落手せしに閣下其書に告知して曰く　大君殿下の令弟徳川民部大輔殿日本政府より佛蘭西の博覧會に日本の名代として佛蘭西へ公使と定められたりと

余此の如き時に方て日本公使として大君殿下の令弟の如き顯明なる爵位の人を撰定せる日本政府に對して閣下に祝賀を述ふ而して余滿足して此告知を女王マゼスチーの政府幷に公使佛蘭西への旅中過《ヨギ》り給ふ所の不列

顚諸領の鎭臺へ送るへし
余此機會に乘して閣下に大恭敬を表す
不列顚女王マゼスチーの特派公使全權ミニストル
ハルリー、スパルクス
只返書までなるを以て回答に及はさりしものなり往翰は本月五日の條に在り

九　シーボルト遣佛使節と同船の件に付英國公使よりの書翰　慶應三年正月九日

丁卯正月九日
千八百六十七年第二月十二日江戸に在る不列顚公使館に於て
外國事務執政等々閣下に呈す
余去る十日附の貴翰を落手しけるに閣下其書中に請ひ給ひて曰く日本政府より佛蘭西の博覽會に差遣し給へる公使に其旅中我公使館の附屬なる

通辯官ミストル、ホン、シーボルドを附添はしむへしと閣下既に余か彼に許して此地を去り欧羅巴に歸らしむへきを知り給へり○是故に女王マゼスチイの國法に於ては彼れか旅行せんとする機會を撰ふべきこと勝手次第なり○然れども余閣下の請に應して彼れを差出すことに遲疑せざりし而してミストル、ホン、シーボルドも滿足して速に其請に應し公使德川民部大輔殿に陪從して佛蘭西までの旅中其力を盡して補佐をなすべし○又右公使の如き爵位ある外國人にゐも長旅中に補佐及ひ案内を要すへきは勿論の事なり蓋し其旅中には許多の國地を通すべけれはなり而して余公使のミストル、ホン、シーボルドを以て附添となすを悦へり是れ此人は日本及ひ他の國語に通したれは公使に卽時の補佐をなすに特に好く適當すれはなり

余此機會に乘して閣下に大恭敬を表す

不列顛女王マゼスチーの特派公使全權ミニストル

ハルリース、パルクス

只返書までなるを以て回答に及はさりしものなり往翰は本月六日の條に載す

一〇 佛人クーレー歸國に付老中よりの書翰 附送品目錄 慶應三年正月九日

丁卯正月九日

モッシユル

ベジエクレーへ

以書翰申入候其許儀我國渡來後凡百之事件細大となく懇親に盡力せられ感謝に堪へす然るに今般歸國せられし由承りおよひ遺憾不少候隨て別紙目錄之品餞別之驗迄差進候間受納被致度且此度其許之力を以て我政府利用の新路を開かれしにより我輩猶其轍を蹈て勉力從事すへき間假令歸郷せらるゝとも此地に在留せらるゝか如く我政府之爲を忘却せられす永く助力あらんよう望む所に候また更に其許を煩はし度一儀は貴國都府おゐ

て博覧會之擧により爲使節我　大君殿下之御舍弟德川民部大輔殿可被差遣に付ゐは未た妙齡之儀にて俄に客地に赴かれし事なれは余等おゐても深く軫念いたし候に付其許を煩はし萬緒差支なく導引せられ候樣いたし度此段頼入候謹言

慶應三年丁卯正月九日

井上河内守花押

稲葉美濃守花押

松平周防守花押

小笠原壹岐守花押

復翰七月十四日の條に載す

○

目　録

一梨子地松に櫻蒔繪文庫　一

一色紙の内松竹梅蒔繪文臺　一

一同硯箱　一

以上

復翰七月十四日の條に載す

一一　佛人クーレーへの書翰案　慶應三年正月

草稿

足下今我國を辭し歸郷せらるゝといふを聞き是まて凡百之事件細大となく皆足下之聰敏なる工夫を加へられ緊要之事を處置するにあたり殊に迅速を極め一事たりとも辭し否まれしことなく又勞を厭ふの體なく厚く周旋ありしことは余等政府に代り足下の厚情を謝し且つ余等か感恩之深きを爰に述ふ足下之性卓偉廉潔なる余等か敬服する處にして是足下を信任する由縁なり

足下余等か爲め別に新路を開きたれは此道を失はすして順行するにおゐ

ては我國之富財を活用し國費微細のことにいたるまて自から節儉之法を
得るにいたるへし足下今より我國を去る日に遠しといへとも我か國務上
におゐて尙今日之如く慧敏なる思慮を以て事を眷顧せられんことを望む
就中爰に一事ありて最足下の周旋を請ふ余か淑德なる主上　大君殿下博
覽會之折を以て其舍弟を佛國帝殿下之許に遣はさるゝに付此少年公子俄
にいまた見さるの新地を踏み給ふに之を誘引するものなく又更に事故の
經歷なし故に余等此事に付ゐは甚煩悶に堪へす思ふといへとも萬一余等
か親朋たる足下此少年公子之案內となりて之を導引せらるゝときは余等
か請求を容れ此佳品を受納し彼を貴國帝殿下之許へ案內あらんことを請
ふ左すれは足下之我か日本に來り懇親なる諸務を遂くるにあたり尙調印
して事を全ふするに均しかるへし謹言

佛公使より差出せる草案

一二　佛人クーレー歸國に付餞別の件塚原但馬守等上申書　慶應三年正月

佛人クレーイ歸國いたし候に付爲餞別被下品凡金五百兩位之漆器類御買上取計可申哉相伺候處伺之通被仰渡候に付惣梨子地蒔繪文庫一蒔繪文臺一同硯箱一代金四百六拾壹兩永六拾六文六分を以て御買上取計差遣申候間右御入用請取申度依之御勘定奉行へ之御斷書相添此段申上候以上

卯正月

塚原但馬守
井上備後守
柴田日向守
江連加賀守
石野筑前守
川勝近江守
栗本安藝守

○

下ケ札

書面之趣取調候處クーレーへ被下品凡金高伺濟之儀にも有之品物當り

不相當にも有之間敷候間金四百六拾壹兩永六拾六文六分御渡之積依之

別紙御斷書面へ承付返上仕候

卯二月

小栗上野介

小栗下總守

淺野美作守

羽田十左衛門

御勘定方

○

(卷表)

卯二月二日

小栗上野介

小栗下總守

淺野美作守
承
羽田十左衛門」

金四百六拾壹兩永六拾六文六分
内
金百三拾七兩貳分　惣梨子地松に櫻蒔繪文庫一
金三百貳拾貳兩貳分　色紙之内松竹梅蒔繪文臺一幷硯箱一
金三分永百五拾文　右被下品横濱表へ持運人足貳人　但壹人金壹分永貳百文
永百六拾六文六分　上包毛氈貳枚損料
右は佛人クレーイ致歸國候に付爲餞別被下品御買上御入用書面之通請取申度此段御勘定奉行へ被　仰渡可被下候以上
卯正月
塚原但馬守
井上備後守
柴田日向守

江連加賀守
石野筑前守
川勝近江守
栗本安藝守

一三　支配向の者神奈川へ出立に付外國奉行上申書　慶應三年正月九日

外國奉行」

支配組頭
田邊太一
同翻譯御用頭取
箕作貞一郎
同調役
日比野清作

丁卯正月九日
（巻表）
支配向之者神奈川表ニ出立爲仕候儀に付申上候書付

同調役並出役
生島孫太郎
同通辨御用
山内六三郎

右之者共儀佛蘭西國江爲御用被差遣候に付今九日神奈川表江向出立爲仕候依之此段申上候以上

卯正月

塚原但馬守
井上備後守
柴田日向守
江連加賀守
石野筑前守
川勝近江守
栗本安藝守

一四　民部大輔横濱へ著港の件向山隼人正より屆書　慶應三年正月九日

丁卯正月九日
（巻表）民部大輔殿横濱港御着船之儀御届申上候書付

向山隼人正」

民部大輔殿御事去五日第三時兵庫表におゐて長鯨丸御船江御乗組同所御發船之處六日曉より時化模樣に付紀州大島江御碇泊七日第二時にいたり天氣相直り同所御發船今九日朝七時横濱表江御到着御軍艦江御止宿相成候間先此段御屆申上候以上

卯正月

一五　民部大輔佛國郵船にて出帆并に隨員氏名　慶應三年正月

卯正月九日曉第四時民部大輔殿御乗船大坂より横濱江着港卽日同所脩文館江御旅宿同十一日早朝佛蘭西飛脚船江御乗組同日第九時横濱出帆御附添　乗組人數左之通

徳川民部大輔殿

御勘定奉行格
外國奉行
向山隼人正

御作事奉行格
御小性頭取
山高石見守

歩兵奉行
保科俊太郎

御支配向

組頭
田邊太一

調役
日比野清作

杉浦愛藏

同並出役
生島孫太郎

御儒者次席
翻譯方頭取
箕作貞一郎

通辨御用
山内六三郎

民部大輔殿御附
大御番格
砲兵差圖役頭取勤方
改役兼勤
木村宗三

御勘定格
陸軍附調役
澁澤篤太夫

小性頭取
菊池平八郎

奥詰
井坂泉太郎

加治權三郎

皆川源吾

大井三郎右衛門

三輪端藏

服部潤次郎

奥詰醫師
高松凌雲

此両人航海中諸失費申達次第
可相納候積り

此一人も右同断

右之分
大砲差図役勤方
山内文次郎

松平肥後守家来
伝習生弐人
横山主税

海老名郡次

小笠原壱岐守家来
伝習生壱人
尾崎俊蔵

御頼にて御周旋方いたし候
英の通辯官
アレキサンテルシーホルト

弐等之分

民部大輔殿小遣
壱人

隼人正家来
壱人

石見守家来
壱人

外国方小遣
弐人

右之通り有之外に上海迄佛國飛脚船コンペニーのクレー御附添上海より
マルセール迄同國コンシユル御附添航海中周旋いたし候趣に有之候事

一六　民部大輔出帆の件向山隼人正等よりの屆書　慶應三年正月十一日

丁卯正月十一日
（巻表）民部大輔殿御出帆之儀申上候書付　向山隼人正
御屆　山高石見守」
民部大輔殿御始一同佛國郵船ニ乘組今十一日西洋第九時横濱表出帆仕候
此段申上候以上
正月十一日

一七　民部大輔一行上海著の屆書　慶應三年正月十五日

丁卯正月十五日

第一號
以書狀啓上いたし候然は民部大輔殿御事去十一日朝横濱表おいて佛國客船アルフヱー船號ニ御乘組海上無御滯今十五日第　時支那上海表ニ御到着相成候間此段可然御老中方ニ被仰上可被下候海上去十四日は曉より風濤壯猛船中搖動甚しく候處民部大輔殿には更に御屈之御樣子も無之御元氣平常通に而御食料も追々御口慣御厭ひ之御樣子も無之一行之もの一同何れも相替候儀無之候間乍憚御安慮可被下候クレーも彼是肝煎シーボルトも懇に相勤長崎在留佛國コンシユルも追々御世話可申上此段も御降慮可被下候尙追々可得御意候へ共先上海表御安着之儀迄申進度如此御座候以上

正月十五日　向山隼人正

塚原但馬守樣
井上備後守樣

柴田日向守様
江連加賀守様
石野筑前守様
川勝近江守様
平山圖書頭様
栗本安藝守様

尙々別紙二封京地ゟ御差立方可然御取計可被下候以上

返翰二月十日の條に載す〇二月四日江戸着

一八　同件に付田邊太一より宮田文吉等への書翰　慶應三年正月十五日

丁卯正月十五日

以書狀致啓上候然は十一日第九時横濱表出帆以來　民部大輔樣にも益御機嫌克海路無滯今十五日第十二時上海灣ゟ到着仕候間御安意可被下候御

乘組之郵船直樣香港迄參候趣に付當地には一日之御滯留御上陸旅館ニ御一泊之積御座候上陸旅館等之仕拂は橫濱出帆前小栗上州ゟ談有之委曲作之助ニ申合置候間同人より御承知可被下候　民部大輔樣各國御巡歷之儀は追而御直書を以被　仰遣候筈之よし其節は右御直書護送之ものも可有之哉隼人殿御噂御座候右機會にて岩司被差遣候樣之運には相成間敷哉可然御含置被下候樣奉存候御代替りに付御國書之儀出立前但馬殿日向殿ニ相伺置候事には御座候へ共未た聢と不仕樣被存候右彌御國書不被遣候方に御座候哉否爲心得伺置度候間御治定次第被仰遣被下度奉願候

但本文之儀　照德院樣御代替之節御國書無之との事には御座候得共本條約爲御取替公使江戶表在留いたし候樣相成候は　先御代樣之御時よりにて　溫恭院樣御代には關係無之樣覺居申候間其邊御取調御伺被下候樣奉願候

右可得御意如是御座候以上

二月十五日　　　　　田邊太一

宮田文吉様

齋藤榮助様

鵜飼彌一様

水品樂太郎様

尙以宅狀御屆方奉願候以上

返翰二月九日の條に載す

一九　民部大輔一行香港著の屆書　慶應三年正月二十日

丁卯正月廿日

第二號

再伸京都表ゟ之御用狀御差立方可然御取計可被下候以上

以書狀啓上いたし候追々春和之候に向ひ候時下存候各樣愈御淸安御勤仕

被成候御儀と奉賀候先以　民部公子御事本月十七日第十二時半上海表御

發船今廿日第十一時香港に御到着卽日御上陸同所旅宿に御止宿被爲成益
御勇健航海御障も不被爲在候間此段御老中方に被仰上可被下候將拙者弁
御附之もの支配向共一同相替候事無御座候間御安意可被下候　民部公子
最初ゟ御元氣宜敷航海之御障無之洋製飲食にも追々御慣れ一行之ものも
同樣航海飲食共自然相慣候間漸次熱帶に向ひ候共衰弱も仕間敷と存候香
港は寒暖計六十八度に相成候本地發船より追々苦熱之儀と被察候歐洲新
聞紙譯官に一覽爲致候處未た御國關係緊要之儀は勿論爲差新聞も無之趣
に付別段差進不申候御國御政體に係り候儀は勿論心得にも可相成廉々は
必御用便御申越被下候樣いたし度候右之段可得御意如斯御座候以上

正月廿日　　　　　　　　　　　向山隼人正

塚原但馬守樣

井上備後守樣

柴田日向守樣

江連加賀守様
平山圖書頭様
川勝近江守様
栗本安藝守様

此書二月廿六日京師より江戸へ差立しよし舊記に見ゆ

二〇 向山隼人正より同僚へ同船外人の厚意を報する書翰

慶應三年正月廿一日

別啓クーレイ并阿蘭陀コンシユルジユレイ兩人共横濱發帆以來上海等上陸之節は勿論航海中格別骨折周旋致し候間此段御序ロレツヘも宜敷御傳語可被下候クーレイは上海へ留り二ケ月程相立候得は巴黎へ參り候趣申聞候シーボルトも種々心を盡し世話いたし候是は日本語出來候に付いつれにても被用大得意に相見申候委細は追々可申上候

正月廿一日朝　　隼人正

御同僚中様

二一　フロリヘラルへ諸般周旋方依頼の書翰　慶應三年正月廿日

丁卯正月廿日

モッシユール
フロリヘラルトヽ

以書簡申入候我國御使節徳川民部大輔殿其外附屬之者共我本月十一日 貴國二月十五日 横濱表出帆候間貴國ヽ着之上は諸般周旋方頼入度此段可申入旨執政より被命たり謹言

慶應三年丁卯正月廿日

塚原但馬守 花押

柴田日向守 花押

江連加賀守 花押

石野筑前守　花押

二二　民部大輔一行新嘉坡へ安著の報告書

慶應三年正月廿九日

丁卯正月廿九日

第三號
以書狀啓上いたし候然は　民部大輔殿御事益御勇健去廿二日香港御發船同廿五日柴棍御着同廿七日同所御發船今廿九日新嘉埠御安着相成候間此段可然被仰上可被下候將御附屬一行之もの何れも別條無御座候間御安慮可被下候右之段可得御意如此御座候以上

正月廿九日　向山隼人正

塚原但馬守様

井上備後守様

柴田日向守様

江連加賀守様

石野筑前守様

川勝近江守様

平山圖書頭様

栗本安藝守様

尚々京地ゟ之書狀御差立方可然御取計可被下候以上

此書三月十一日江戸着

徳川民部大輔欧行一件　附佛國博覽會　巻四

一　民部大輔各國巡行の書類等板倉伊賀守より返進の件　附向山隼人正への委任狀案、御朱印　慶應三年二月二日

丁卯二月二日

民部大輔殿佛國博覽會相濟候後各國巡行之御廉御印之御書付御渡之儀書類美濃守殿持參被致候右は最前直書を以御掛合申進候間行違候儀と存候依之別紙書類返進此段申進候以上

二月二日　　板倉伊賀守

井上河内守様
松平周防守様
小笠原壹岐守様

右次飛脚に到來

民部大輔殿へ可被遣候御書付案へ掛紙にて取しらへ候趣如來書留略之

○

御委任狀案

向山隼人正

其方儀徳川民部大輔ニ爲附添差遣間諸般談判向引受可取計令委任もの也

慶應三卯年正月　御朱印

○

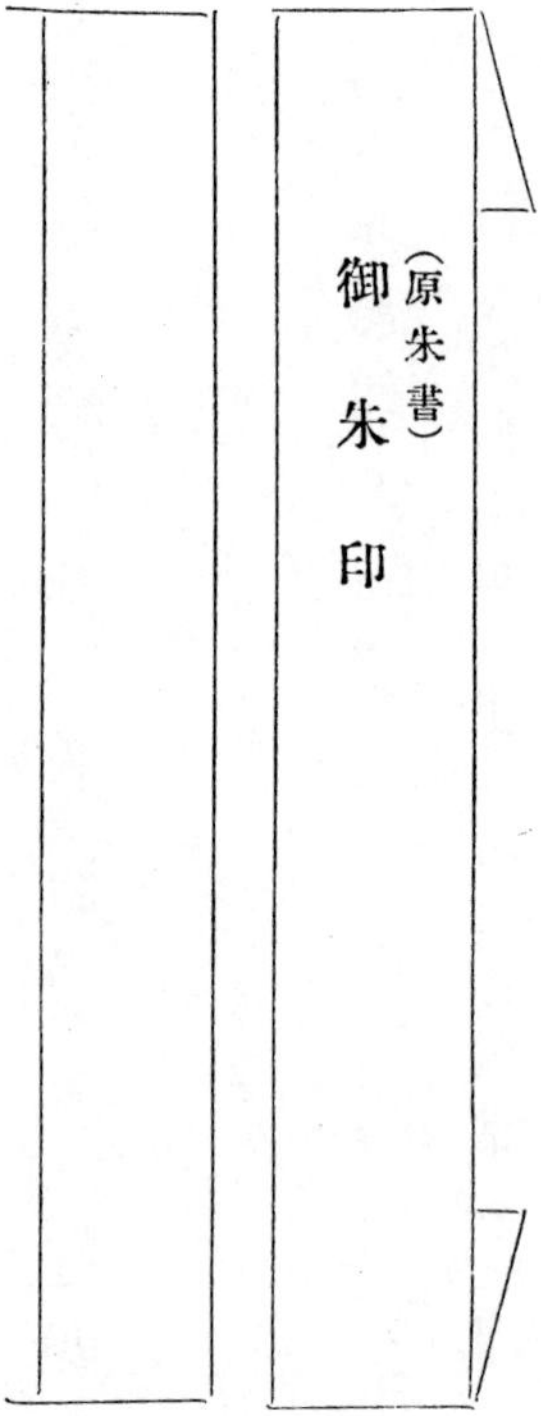

中二た折ヽ
四行に認之

佛蘭西國都府博覽會
禮典相濟候上時宜次第
條約濟各國都府ヽ爲尋問
巡行可被致候　巡行もの也

慶應三年卯丁卯正月　日　二月廿日
經文緯武
御印　朱

徳川民部大輔殿　殿

右大高を半切にしてくる〳〵巻紙折
かけ三月八日栗本安藝守へ御渡し

甲寅三月八日

御朱印

佛蘭西國都府博覽會
禮典相濟候上時宜次第
條約濟各國都府に為尋問

可被致巡行もの也

慶應三卯年二月廿日

御朱印

經文緯武

德川民部大輔殿

右大高を半切にしてくるく巻同紙折かけ栗本安藝守へ御渡し

二　上海發信向山隼人正よりの書狀等送附の件　慶應三年二月四日

丁卯二月四日

以書狀致啓上候然者支那上海ゟ差越候向山隼人正書狀幷御屆書寫共壹册其外書狀貳通差進申候右可得御意如斯御座候以上

二月四日　石野筑前守

永井玄番頭様
平山圖書頭様
栗本安藝守様
原　市之進様

三　民部大輔一行上海著の旨外國奉行よりの届書　慶應三年二月四日

丁卯二月四日
（巻表）民部大輔殿上海ゟ御着船之儀申上候書付

御　届　外國奉行」

民部大輔殿御儀去月十一日横濱表佛國郵船にゐ御出帆海路無御滞同月十五日支那上海ゟ御着船相成尤右前日曉より海上風濤烈敷船中動揺甚敷御

座候處民部大輔殿には御平常之通にㇸ更に御替之御様子も無御座候趣向山隼人正より申越候間此段申上候以上

卯二月

塚原但馬守
井上備後守
柴田日向守
江連加賀守
石野筑前守

四　民部大輔一行セイロン島へ著の件向山隼人正よりの書翰　慶應三年二月七日

丁卯二月七日

第四號
以書狀啓上いたし候然者民部大輔殿御事益御勇健去朔日夕第五時新嘉埠御發船今七日朝第七時半

錫蘭島ゟ御到着御附屬一行何れも相替候儀無御座候間此段可然被仰上可
被下候海上風樣宜敷搖動之儀も無之候間是又御安慮可被下候右之段可得
御意如此御座候以上

二月七日　向山隼人正印

塚原但馬守樣
井上備後守樣
柴田日向守樣
江連加賀守樣
石野筑前守樣
川勝近江守樣
平山圖書頭樣
栗本安藝守樣

尙々京地ゟ之書狀御差立方可然御取計可被下候以上

此書三月十一日江戸着

五　佛國博覽會へ出品の件宮田文吉等より田邊太一等への書翰　慶應三年二月九

丁卯二月九日

以書狀致啓上候然者正月十五日上海ニ御着相成同所より御差立之御書狀二月四日相屆何れも落手先以諸君御安康珍重之御儀奉存候扨シベリヲン儀江戸表出立之節博覽會へ差出候通り之日本貨幣各種一通り秤幷物差とも一通りつゝ買入度趣申聞候に付買上同人ニは相渡代料も請取申候

一博覽會ニ差出候押送り船幷千代爐《マヽ》船とも貳艘シベリヲンニ引渡喜望峯廻り英船便（船號タカチカ）積込相成出帆いたし申候右運送船賃等之儀は何とも不申出候間定而其御方ニ可申立儀と存候間此段御心得迄申進置候

一博覽會ゟ御差出之秤大小六通幷鯨曲尺とも物差長短にて拾本桝壹斗入一升五合一合共四つ此便飛脚船にて差進申候右秤之内天秤は江戸表にては出來不申品にて差向差支候間宿寺御備之分其儘御廻申候間左樣御承知可被成候分銅目方之儀一兩と有之分拾匁にて拾兩と有之分は百目に有之其餘は右に准し五百目迄に有之候此段御心得迄申進候

一醫師道具之内瓶箱は舊冬差向假に差出置候品之趣にて今壹箱用達ゟ差出候間秤り之箱之内ゟ詰込差進申候尤兼て大形之代積りにいたし有之候得共何分大形之方は出來不申趣に付積り書よりは代銀貳百拾匁引方致し候趣申出候間就ては舊冬持越候分と御引替御持返りに相成候積りにいたし置申候

右之外御用留御書翰寫御沙汰書差進候儀に付右にて承知可被成候此段御報旁可得御意如此御座候以上

二月九日

小花作之助

石川岩司
水品樂太郎
齋藤榮助
宮田文吉

田邊太一樣
日比野清作樣
杉浦愛藏樣
生島孫太郎樣

尚々鵜飼彌一は圖書頭殿安藝守殿に附添正月十四日京師表に出立當時在京罷在候以上

一本文フロリヘラルトに遣呉候樣シベリヨン申聞候貨幣等之儀一昨年日向守殿其地立拂之節ヘラルト日本貨幣所持候得共大判無之候趣に付其節大判も被下方に相成候間同人儀各種一通りは所持可有之儀に付本文

は止に相成申候得共若何とか申出候儀も候はゝ可然御取計可被成候

來翰正月十五日の條に載す

六　同出品秤の件博覽會掛より納戸頭への達　慶應三年正月

(卷表)御納戸頭衆

博覽會掛御勘定奉行

外國奉行

御目付」

佛國博覽會は御差廻し可相成秤六通り早々御出來相成候樣此程御斷進達いたし候處右之内天秤は其御向御取扱之品に無之趣に付右之分相除跡五通り之内銀秤と相認候は厘秤之積に有之候間何れも早々御出來御引渡有之候樣いたし度此段御達およひ候

卯正月

七　塚原但馬守等より向山隼人正への書翰　慶應三年二月十日

丁卯二月十日

第一號
以書狀致啓上候然は上海ゟ御差立之正月十五日附第一號之御書狀二月四日到着披見いたし候先以　民部大輔殿船中動搖にも御屈し無御座御食料も追々御口慣御厭ひ之御樣子も無之候段恐悅之至奉存候其段御老中方へも申上且京師表へも御書狀寫相廻申候且貴樣幷御一行之御方何れも御替り無之趣是亦珍重之御儀存候御出帆後之御書付寫幷御書翰寫御沙汰書御用留寫共別紙差進候間右にゐ御承知可被成候此段御報旁可得御意如此御座候以上

二月十日

石野筑前守　印

江連加賀守　印

柴田日向守　印

塚原但馬守　印

向山隼人正様

尙々圖書頭安藝守兩人は正月十四日出立にゐ當時在京近江守は正月廿四日佛公使同船にゐ上坂當時在京備後守儀二月八日御作事奉行被　仰付候

一永井玄蕃頭殿外壹人ゟ壹封幷室賀伊豫守殿ゟ石見守殿ゟ之壹封共御差越京師表ゟ差立其外之書狀も夫々ゟ早速相届申候

一内狀幷外一行之もの書狀とも別紙入記之通差進申候

一フロリヘラルト宛之御返簡共都合三通差進申候右御達相成候に付取扱方之儀は愛藏ゟ岩司ゟ申遣し候間左樣御承知可被成候

來翰正月十五日復翰四月七日の條に載す○使節一行本國の景況を知んが爲め往書に添送る所の各公使往復書共他共共件々に編纂するを以て本件に關係なきものは省きて載せす以下同し

八　石川岩司より杉浦愛藏への書翰　慶應三年二月十日

丁卯二月十日
以書狀致啓上候然はフロリヘラルトゟ之御返簡書簡都合三通御達相成候間可然御取計可被成右は鹽田三郎在京中佛文調方差支和文而已被差遣候間其地にゐ通辯ゟ御談し佛文認添御達相成候樣いたし度日向守殿御沙汰に隨ひ此段申進候以上

二月十日

石川岩司 印

杉浦愛藏樣

尙以本文三通寫之外
一小栗上州外壹人ゟシベリヲンゟ旅費增方不相成旨之書簡寫
一英亞兩公使ゟ英學傳習敎師人撰之儀に付御書簡寫
一英佛亞蘭四公使ゟ償金之儀に付差出し候書簡寫
但是は勿論いまた何共御所置相附不申候
一御國人香港ゟ漂流一條に付英公使往復書簡寫

右は爲御心得御差立相成候儀に有之候

九 民部大輔香港著の際の儀禮に付閣老より英國公使への返翰 慶應三年二月十四日

丁卯二月十四日

大貌利太泥亞特派公使全權ミニストル
兼コンシユルゼネラール
エキセルレンシー
ハルリースパルクスに

以書翰申入候先達而貴族民部大輔殿香港繋泊之節同所奉行所尋問可及處其儀無之に付云々之趣外國奉行石野筑前守に被申聞其段同人ゟ承り氣之毒に候右は何等行違之儀有之哉難計候得共畢竟不馴より何之心附も無之經過いたし候事と被察候不懇親之處爲には無之候間其段了解被致前奉行

所へも可然被申遣候樣致度賴入候拜具謹言

慶應三年丁卯二月十四日

井上河内守花押

松平周防守花押

小笠原壹岐守花押

一〇 同件に付英國公使よりの書翰

慶應三年二月廿四日

貴國二月朔日附同十三《四カ》日附兩通之書翰落手せり中略弁民部大輔閣下同所繋泊之砌右目代を尋問不致事全く心得違に而決而民部大輔殿は勿論貴國政府に於て不懇親之處爲に不有之旨兩條共了解せり早速香港目代閣下に申達候拜具謹言

二月廿四日

ハリエスパルクス

外國事務執政閣下

一一　民部大輔一行セイロン島著の狀田邊太一より宮田文吉等への報知書翰　慶應三年二月十五日

丁卯二月十五日

猶以宅狀壹封御屆方奉願候

以書狀啓上仕候被爲揃益御淸穆被成御勤仕珍重奉存候此方民部大輔殿益御機嫌克隼人正殿御初御支配向一同無異御座候間御放念可被下候今便御內狀を以て御國書之儀被仰進候事最初御伺振とは相違御座候へ共當節之形勢何分懸念奉存候間可然御含御取計被下候樣奉希候セイロン島ポイントデガウル御着之節英公使パークスより申越候趣有之間御周旋申上候との事にて同所奉行代之者御旅宿ゟ相越始終御附添御世話申上日暮御上船之節船中迄御送可申上との事に付御旅宿にて食事被下御同案にて食事いたし候尤兼て佛公使より隼人殿迄內々申上候趣も有之英國所領にて日本國帝のプリンス取扱に不致候はゝ夫には御頓着無之なまなか之取扱被爲

受候而は御威權にかゝはり可申との事にて御附添申上候佛國長崎コンシユルチユレーと申ものにも其段爲差含置候よし右に付ガウルにての御取扱振同人事甚不滿意にて奉行代之もの抔御招待御座候而は(此御招待と申事チユレー御國語不辨候よりシーボルト之處置に付何廉猜疑多く且英佛相競之僻習より始終折合不宜候所右前文之通全く彼方にて鄭重に御送迎等いたし候もの御食事中爲扣候譯にも不相成御禮式之譯に無之申さは懸合之食事被下候も同樣之儀を御招待と存取候哉に御座候)卽御威權に拘り可申との議論にて何歟佛公使江申遣し且御老中方へも以書簡申立候哉に承知仕候右は同人より公然と申聞候には無之噂之樣に通辯之ものまて話聞候間聢とは難申上候へ共彌右樣之儀御座候而は遠隔之地事情明白に貫徹不仕自然何樣之御處置御座候やと御疑念も可被爲在と心配仕候間當日之事實各樣方迄申上置候一體薩藩之離間にて
大君は日本之君主に不被爲在との事英國之議論に有之隨而此度之儀も御

接待振如何哉と杞憂罷在候事且同藩幷肥前之もの抔も先達而メイルにて相越右等も各埠頭にて英國士官抔に出會盛饗抔取設候哉の風説も有之候處縦令彼方にて事實御官位相當に不取扱とも(萬國公法にても其國へ向し使節に無之而は使節之取扱には不致唯懇親上にて官位丈け之敬禮を表し候との事有之左候へは英領にて佛領國同様祝砲衞士等差出不申迚不都合とは難申哉存候)全體風馬牛之御取扱にも被成兼候事に御座候右等も御含迄申上置候間自然議論等相生し候はゝ可然被仰立可被下候何も右申上度早々頓首

二月十五日亞丁港　田邊太一

宮田文吉様

齋藤榮助様

水品樂太郎様

尙以彌一殿は最早大坂ニ御越と存候謁見一條も如何相成候哉何角御多

忙之御儀と遠察仕候時光折角御加養奉存候

一二　國書送附の件向山隼人正より塚原但馬守等への書翰　慶應三年二月十六日

丁卯二月十六日

第五號
以内狀啓上いたし候然は　民部大輔殿御事益御勇健去八日第十時錫蘭御發船海上無御滯今十六日朝第六時亞丁ぃ御着相成御附之もの一同別條無御座候間此段可然被仰上可被下候今便は京都表ぃ書狀さし立不申候間御序可然被仰傳可被下候

民部大輔殿佛國博覽會御名代被爲濟候上各國御巡歷被遊候儀は御手心も有之現今之處秘密に涉候間一行之もの外國人等ぃ對し口外致し候儀は無之候へ共此程錫蘭ぃ御上陸之砌英國より在勤いたし居候同所奉行名代之もの御尋問申上話次此度公子佛國ぃ御越之上は何れにも英國へも御越之

儀に可相成其節は御國書御持參相成候哉私之御尋問にゐは御接待も仕間敷抔通辯之ものゟ申聞候趣も有之候に付篤と勘考いたし候處英佛兩國之儀は地壤隣並いたし互に盛名を競ひ居候間柄故此度佛國於て專ら御周旋申上候故自然妬心無之とも難申其上御國おいて兩國公使取計方相違いたし候より勢ひ御接待方も親疎相立候樣成行候處此迄英公使ゟ偏見之私業を以て本國政府へ建論および置候趣も有之哉にも相聞候間夫是之廉を以て萬一御尋問御斷申上候樣之儀有之候ゐは御失體は申迄も無之而已ならす御交際上にも差響候儀に付此方おゐては禮典に基充分御用意無之候ゐは相成間敷哉に被存候付ゐは

公方樣ゟ民部大輔殿ゐ各國御巡問之儀被仰遣候砌御條約濟國々帝王ゐ之御國書幷御老中方ゟ之御書簡御差送相成候方に可有之哉文段之儀は別紙之趣を以て可然御取捨有之候樣仕度尤佛國公使兼ゐ申立候通り博覽會聚席おいて公議に相決し候儀に可有之間御國書之有無等は其節相決し可申

儀には候へ共彌以御國書無之候而は不相成との儀に相成其期に臨み申上候樣にゐは萬里外之往復無益之時日を費し徒に滯留もいたし御入費も相嵩み候儀に付假令聚會之儀にゐ御國書には不及との事に相成候とも御差送相成居候方御都合萬全之儀に可有之と存候間尙御勘考之上可然御取計早々御差越相成候樣仕度奉存候依之別紙御國書案大意相添此段得御意候
以上

二月十六日　　　　　　　　向山隼人正印

塚原但馬守樣
井上備後守樣
柴田日向守樣
江連加賀守樣
石野筑前守樣
川勝近江守樣

平山圖書頭樣
栗本安藝守樣

尙々公子御條約濟國々御尋問之節御國書有無之先例萬國公法書類爲取調候處聢といたし候明文も無之候へ共至厚之御取扱相成候方は至薄に失候より萬全に可有之尤御委任狀之譯には無之矢張佛帝ゟ被遣候通御賴狀と申樣之文面にて可然哉被存候尤拙者出帆之砌佛國公使より各國御尋問御口上案取調差越候旨申聞候間右御口上案と御國書案意味行違候ては不都合に付同公使ゟ一應御引合有之候方可然哉

附箋

此各國御巡行之御國書御口上案は暫く見合置可申旨圖書頭ゟ御沙汰に御座候其譯は　民部大輔殿各國御巡行は御見合に相成候故右之通り見合に相成候儀に有之候

丁卯五月十四日　但馬守記

○

御國書大意

恭しく
マセスチー大貌利太泥亞女王の許に白す今般佛國おゐて博覽會の擧ある
により同盟の各國顯貴のものをして其會に加らしむると聞爰に余か親弟
德川民部大輔に余か名代を命し其會に預らしむるにより其序を以て貴國
に罷越し其
マセスチーの起居を問ひ其臣民の安榮を祝し且海軍傳習幷生徒留學の事
等貴國より我國に對し格別なる懇親を謝せしめ將貴國文物風化の開明海
陸兵備の旺盛を歷見し我國開化の進歩當人修業の裨益に爲致度候間
マセスチー同人少年にて諸事に慣熟せさるを恕し厚く教導ありて愛顧せ
られんことを望む不宜
恭しく
………………魯西亞國帝

……荷蘭國王

……孛漏生國王

……葡萄呀國王

……亞米利加合衆國大統領
此分敬稱無之方歟

……瑞西合衆國大統領

……白耳義國王

……伊太里國王

……丁抹國王の許に白すより其人民の安榮を祝し迄前同文言兩國之交際懇親の益厚きを表す
○益瑞白伊丁は除く

……同人事以下前同文言

（原朱書）
本文之趣を以尚御採擇之上可然御取計可被下荷蘭之分は御文段中開陽丸之御謝詞加り候方可然哉
御老中方より彼方事務大臣へ之御書簡も御國書之御意味敷衍いたし候

方にゐ可然哉」

一三　シーボルトより川勝近江守への書翰　慶應三年二月十八日

丁卯二月十八日

以手紙啓上仕候春寒之節御坐候得共益御機嫌能被爲居奉拜賀候然は本月十五日　公子始御一統何之別條無御座上海御到着同十七日又々此處出帆今廿日當港へ着仕候御安心被成候樣奉存候上海及ひ當港之事情等は定ゐ外御役中より被申上候事と奉存候故別して私より不申上候扨上海にゐは何れの藩士に候哉凡九人計りも見受申候如何樣之者にゐ如何之爲に來候事と段々探索仕候處全長州人之由にゐ横濱迄相越此處にて英國飛脚船に乘移り此處迄相越此より歐羅巴へ相越可申心匠との事此外にも諸藩より時々相越候者御坐候由に御坐候　公子へ御附之方にも逐々西洋之事情も解せられ大に開けられ候樣に見承申候　公子も明日處々御一見午後に御

出帆之積に御坐候先は右申上度如此御座候草々不宣

シーボルト

川勝近江守様

再啓此一封御届被下候様奉願上候閣老方へも可然御一聲奉願上候不一

此書翰に小笠原壹岐守への書翰一封を添へ香港より遞送し來れるものなり共書翰は乃ち封のまゝ同氏へ交付せしよし書翰目錄に見えたり

一四　民部大輔一行スエズ著港幷に博覽會出品到著の件向山隼人正よりの書翰　慶應三年二月廿二日

丁卯二月廿二日

第六號

以書狀啓上いたし候然者　民部大輔殿御事去十六日第三時亞丁御出帆昨廿一日第十一時蘇士港御着卽夜第七時蒸氣車ニ御乘組今廿二日第十一時アレキサンテリヤニ御到着同所旅館ニ御止宿明廿三日朝地中海佛國飛脚船ニ御乘組之積にて益御勇健被爲在御附添一行何れも相替候儀無御座候

間此段可然被仰上可被下候亞丁より御國書御巡歷之節御用意之爲御差送有之候方可然旨申進候内狀は已に御落手御座候事と存候去廿一日蘇士着之節承りおよひ候には博覽會御品幷淺吉七太郎乘組候御雇船アソフ二週日前無滯到着いたし候趣に有之候間此段御安意可被成候右可得御意如此御座候以上

二月廿二日　　向山隼人正印

塚原但馬守樣
井上備後守樣
柴田日向守樣
江連加賀守樣
石野筑前守樣
川勝近江守樣
平山圖書頭樣

栗本安藝守様

尙々京地之書狀夫々御届方御取計可被下候以上

〔本文旅館御止宿之趣記候處本地在留法國コンシユルセ子ラール官廳ニ御招待御止宿をも被遊候事に相成候右はロス𛀙申立候事も可有之哉に付爲念猶申進置候〕

一五　民部大輔一行マルセーユ著の件向山隼人正よりの書翰　慶應三年三月五日

丁卯三月五日

第七號
以書狀啓上いたし候然者　民部大輔殿御事去月廿三日アレキサントルヤ港おいて佛國飛脚船サイ船號ニ御乗組同日夕第五時同所御發船風濤無御滞去月廿九日朝九時半佛國マルセーール港御着同所ホテル、デマルセイルニ御止宿益御勇健被爲在明六日同所御出立リヨン御一泊明後七日巴里御着

之積に有之候間此段可然被仰上可被下候

佛國おいて御國御用取扱候フロリヘラルトに民部大輔御越之旨電線機

を以て申遣候處御着前よりマルセイル迄御品ニ差添罷越候鹽島淺吉北村

元四郎同道にて出張いたし居御着之砌同所コンシユルゼチラール倶々本

船ニ御出迎御上陸御案内申上祝砲施行護衛之騎兵差出方等御着火急故巴

里政府よりの命令俄に申越手筈不都合之處同人格別骨折候故無殘處相整

且同所おいて鎭臺市尹コンシユルゼチラール等は勿論海陸軍總督等何れ

も御尋問申上鎭臺は御遊覽御案内等申上御招待御饗應も申上候將去二日

はツーロンに軍艦園場御一覽之爲め御越之處兼てマルセイル鎭臺ゟ手筈

いたし置候故同所鎭臺は勿論海軍提督幷役々等罷出警衛向其外共厚御待

遇申上御饗應もいたし更に無殘處候へ共唯祝砲之數十七發にて御身柄相

當不致右は兼て御國在留ミニストルゟ申聞候趣も御座候間巴里ニ罷越候

上は御引合およひ可申心得にて先つ當所コンシユルゼチラールニ右祝砲

之儀一應引合およひ候處最初御入津之節マルセイル港おいて二十一發之祝砲相濟候上はツーロンにゐは砲數に不拘打發いたし候迄之儀にゐ素より定數無之旨申聞候乍去右は一時回護之辭と被察候間尙篤と取調之上模樣に應し引合およひ候心得に御座候右は當所コンシユルゼ子ラールよりも御國在留ミニストルは何とか可申遣も難計間此段御心得迄に申進置候右之段可得御意如此御座候以上

三月五日　向山隼人正印

塚原但馬守樣
井上備後守樣
柴田日向守樣
江連加賀守樣
石野筑前守樣
川勝近江守樣

平山圖書頭様
栗本安藝守様

尙々京地ゟ之書狀御差立方可然御取計可被下候以上

此書五月九日江戸著

徳川民部大輔歐行一件　附佛國博覽會　巻五

一　徳川民部大輔巴里安著の件向山隼人正よりの書翰　慶應三年三月十一日

丁卯三月十一日

第八號
以書狀啓上いたし候然者　民部大輔殿御事去六日朝第十一時マルセイル御出立同夜第七時リヨン御着御一泊翌七日朝第七時同所御出立翌七《本ノマヽ》日夕第六時半巴里都府江御安着ガラントホテルハリスに御止宿益御勇健被爲在御附添一同相替候儀無御座候間此段可然被仰上可被下候將別紙シーホルト御雇に付申上置候書付一通右は御一覧之上小札御加御進達可然御取計御座候様いたし度右之段可得御意如是御座候以上

三月十一日　向山隼人正印

塚原但馬守様
井上備後守様
柴田日向守様
江連加賀守様
石野筑前守様
川勝近江守様
平山圖書頭様
栗本安藝守様

尚々京地江之書狀幷地圖名所寫眞等御差立方可然御取計可被下候以上

返翰五月廿二日の條に載す

二　シーボルト雇入の件に付向山隼人正よりの上申書　慶應三年正月

丁卯三月
（卷表）シーホルト御雇之儀に付
申上置候書付

向山隼人正」

御國在留英國公使附通辯官シーホルト儀此度歸國いたし候に付而は御國語も辨居御國事情をも心得居候間　民部大輔殿當表御越相成候節右序を以諸般周旋爲心得方御用便にも相成可然哉奉存候間其段相伺同人御同船之儀公使ゟも以御書翰御頼相成歸路旅費は爲御手當被下置候積を以御同船爲致召連越候處船中幷御上陸場等公之引合は兼而クレー名代として佛公使より御附添爲致候同國長崎コンシユルシユレー引受居候事には御座候得共瑣末之事件英領長官のもの通辨等都而同人に而引受相勤殊に御國之儀は幼年より在留いたし一體之事情にも通曉仕居候間諸般之掛合都合宜敷御裨益不少事に有之且佛語之儀は留學生徒之内ゟ御附添通辨被　仰

付兩人之ものも未熟と申には無之候得共通辯不馴之處より自然行屆兼候事も折節有之右は都而同人之助を借候事も不少此迄之處萬御都合相成候間博覽會幷各國御廻歷に付而も國々言語も相異候處同人は英佛兩國語之外兼而日耳曼荷蘭をも心得居隨處差支無之此上御用便にも相成候儀に付引續御附添爲仕度奉存候間其邊當人へも內談仕候處差支無之由に付山高石見守申談尙御附添之爲め改而御雇入申渡候尤御手當之儀は此迄英公使館おいて請取來候見合も有之候間右に準し被下置候樣取計申候依之此段申上置候以上

卯三月

三　佛帝謁見及旅館幷に功牌の件に付向山隼人正よりの書翰　慶應三年三月廿一日

丁卯三月廿一日

（第九號）
以書狀啓上いたし候然者　民部大輔殿御事益御勇健巴里都府ガランドホテルに御逗留去十九日外國事務大臣ゟ御面會有之來廿四日第二時國帝謁見有之候旨今廿一日禮式掛御尋問申上禮式總裁ゟ之書簡持參いたし申上候此段可然被仰上可被下候將御附添之もの何れも相替候儀無御座候間是又可然被仰上可被下候御旅館之儀フロリヘラルト兼而撰置候分は手狹に付別に御借受相成候積に而此程ゟ處々見分致し漸相當之家屋見當り右に治定いたし候心得に有之候

博覽會之儀別紙繪圖面模樣替に相成候分之外は大體最前佛人ゟさし出候繪圖面と相違無之模樣替に相成候分は昨今造作中に而何分寸尺等相改候場合に至り兼候尤レセツフゟ淺吉等ゟさし出候圖面も有之候へ共疑敷廉々有之候間拙者よりもレセツフ其外掛り役人ゟ引合實地に而請取候場所別紙繪圖面之通に而夫々割合候而は甚狹く御品十に五六は飾り餘り可申は必然に候へ共兎に角受取候場所丈け飾附不申候而は彼方疑念いたし增

地之談判纒兼候間差向御品之儀は不殘外箱ゟ取出し昨今飾附に取掛り居候間右相濟候上別に場所受取方談判いたし候積に有之候且商人共場所狭く候に付多分に餘り候事に候へ共増地之談判は前文同樣之事に有之改正之繪圖面彼方より差出候積之處未た不差出候間差出次第差進候樣可致候薩州荷物取扱之委任佛人コムトモンフラント同家より被命候趣にゐ旅館尋問いたし候間面會およひ候處薩州より博覽會に付別段宰領等之ものは不差出尤琉球國王使節は逗留いたし居候へ共博覽會には拘り不申由に有之右琉球王使節と申は條約取結之儀佛國政府ゐ請求いたし候趣に有之候へ共佛政府於て取敢不申大に失望いたし候哉に相聞候前書モンブラント薩州より委任を受候との儀御國政府ゐは如何樣之手續に申上置候哉不相分候へ共佛國政府於て右委任之命承知いたし候哉是以難相分候間其段外國事務大臣ゐ懸合中に有之尤同人儀薩州左祖之説を主張いたし種々不都合之次第も有之候間國帝謁見濟之上は琉球使節一條其他篤と其筋へ懸合

及ひ候心得に有之候間尙模樣に應し追々可申進候
別紙建白書御一覽之上御進達可被下候右建白中申上候通り之次第にて事
情差迫居甚心配致し候間神速御英斷相成候樣尙御盡力可被下候功牌雛形
御さし廻次第速に可申付候紋形之儀は唐花葵之內角張候方至極格好と被
存候此段御含可然御取計可被下候右可得御意如此御座候以上
三月廿一日　向山隼人正印
塚原但馬守樣
井上備後守樣
柴田日向守樣
江連加賀守樣
石野筑前守樣
川勝近江守樣
平山圖書頭樣

栗本安藝守樣

倘以薩藩ゟ佛人ぃ功牌相與候積にゐ右拵方誂候趣別紙繪圖面佛人羅尼より入手候間爲御心得さし進申候

京地ぃ之書狀御さし立方可然御取計可被下候以上

返翰は五月廿二日の條に載すモンフラン云々は六月九日の條に在り

四　外國人へ功牌贈與の件に付向山隼人正より上申書　附別紙功牌圖　慶應三年三月廿一日

(卷表)佛人共ぃ功牌被下方之儀に付

申上候書付

向山隼人正」

西洋諸州おゐて軍陣戰爭は勿論凡百之功勞有之ものを賞し候爲め相與へ候功牌メタイル又はデコレイションと相唱へ金銀寶石等にて製造いたし

衣領間に相懸け候もの有之右は聊之品には候へ共當人に取候而は無上之榮に相成却而千金之賞より重し候趣に有之右は全く其國限之儀にも無之他國帝王又は其臣民迄も功勞之驗として差贈候風習に而榮名を以て人心を籠絡いたし候一術に而交際上第一之要義に相聞候處御國於ては未た右樣之品御取設無之趣各國在留ミニストル等任滿歸國之節々時服等被下置候へ共服飾之制相違いたし候間晴之場所に着用仕候儀も不相成折角之恩榮も筐底に取收置候より外無之候間御恩惠も貫き不申何程骨折候而も其詮無之姿に付自然盡力仕候ものも無之樣相成可申哉然處私共佛國到着以來風聞承り糺候へは薩藩之もの共四五ケ月以前より罷越居琉球國王ゟ之使節抔と申唱へ同國人コムトモンフランドに手寄り其筋權家等ニ取入種々取こみ候儀も有之哉既に新規功牌取拵國帝幷事務大臣等へも差贈り外國局諸役人其他骨折候ものニは與へ候約束も御座候哉に相聞佛國人之內右恩賞之榮を目的にいたし競而盡力いたし左祖之もの追々多人數に可相

成勢にも相見へ尤國帝幷事務大臣等は御條約之趣も有之候間妄に受納は仕間敷被存候へ共國民にいたり候而は懸絶之御國柄政府之御樣子も相分兼眼前之寵榮を以て向背之勢相分れ候故競而薩藩之爲め奔波いたし盡力仕候樣相成候はゝ終には國論も相傾き如何樣之姿に可相成も難計將薩之功牌佛國人民多人數服佩致し候はゝ詰り薩之威權被行其恩惠に預り候ものの共各自左袒之說を主張いたし可申は必然に而積漸之勢各國おいて認而自立之邦と致し別に條約等取結候樣之運にいたり候はゝ御國事如何ともいたし方有之間敷と杞憂被仕候就而勘辨仕候處今般民部大輔殿博覽會爲御名代御越相成候儀は御國全地御統轄之御威權海外に被爲顯奸藩浸潤之說も御鎭壓可被爲遊御見込にも被爲在候處薩藩おいて政府も不憚右樣之儀取行候を其儘打捨置候はゝ彌以政府之御威權諸藩には不被行との一證を顯し候も同樣に有之去迚薩人共は自身佛政府江引合不申候佛國身柄之ものコムトモンフラント手寄り隱然取工み賄賂其外にて其筋之ものをも

十分籠絡仕候樣子に相聞候間公然佛政府へ懸合およひ候とも彼方にては表立候儀に無之私に相與候事に候間彌日本政府之御威令被相行候事に候はゝ直樣薩摩ゟ御詰問御座候方に可有之抔申遁候は必定に付右奸謀を破り候には眞僞判然相分り何とも政府之御恩惠に注意いたし薩之功牌者服佩仕候も耻入候樣御處置御座候より外有之間敷就而は此迄外國人有功之ものゟは時服被下置候處服佩にも相成兼更に榮名著顯之廉々相立不申候間右替りとして數種之功牌新規御取設フロリヘラルトはしめ御國政府之爲め盡力仕候ものゟは夫々功勞之等級に應し被下置候樣仕度既に前書之通り差迫り候形勢にゐ一日御手後れに相成候へは夫丈之御國害相長し追々深入仕候上は御挽回も相成間敷儀に付早々御下知御座候樣仕度奉存候右は山高石見守申談此段奉伺候以上

卯三月

○

（巻表）覚」

伺之通り可被取計候事

○

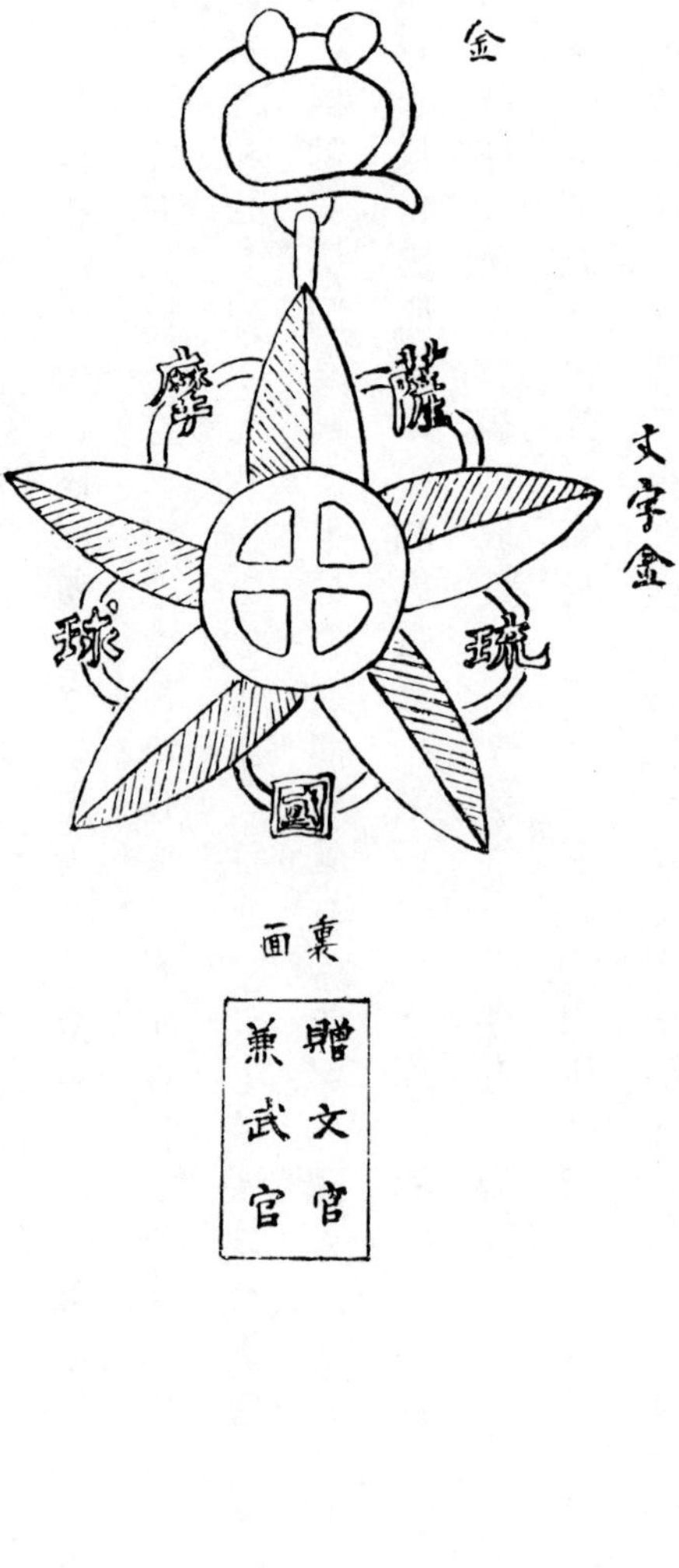

囿園之地見取略圖

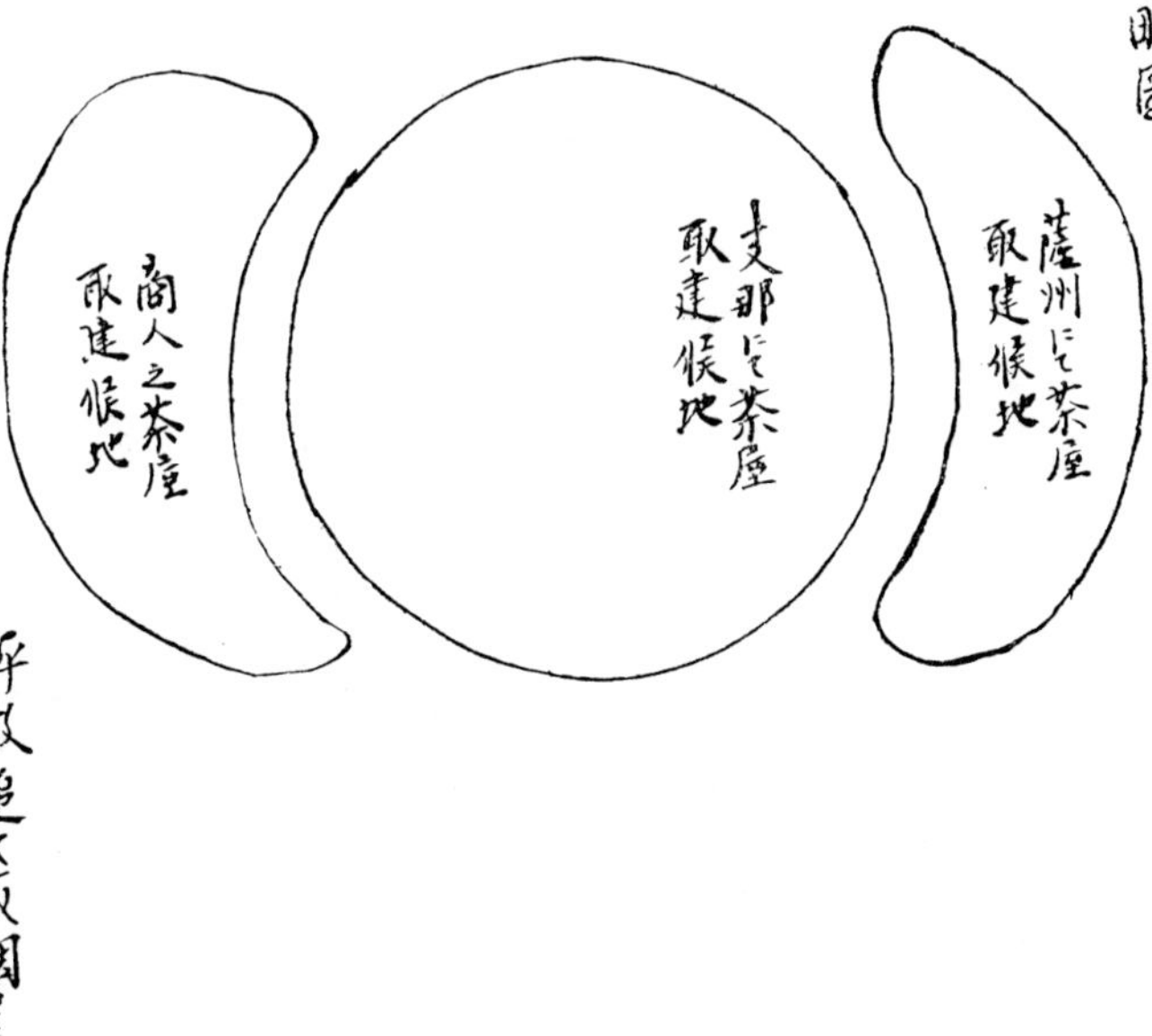

坪数追て取調差進可申候

品物差置候場所見取略圖

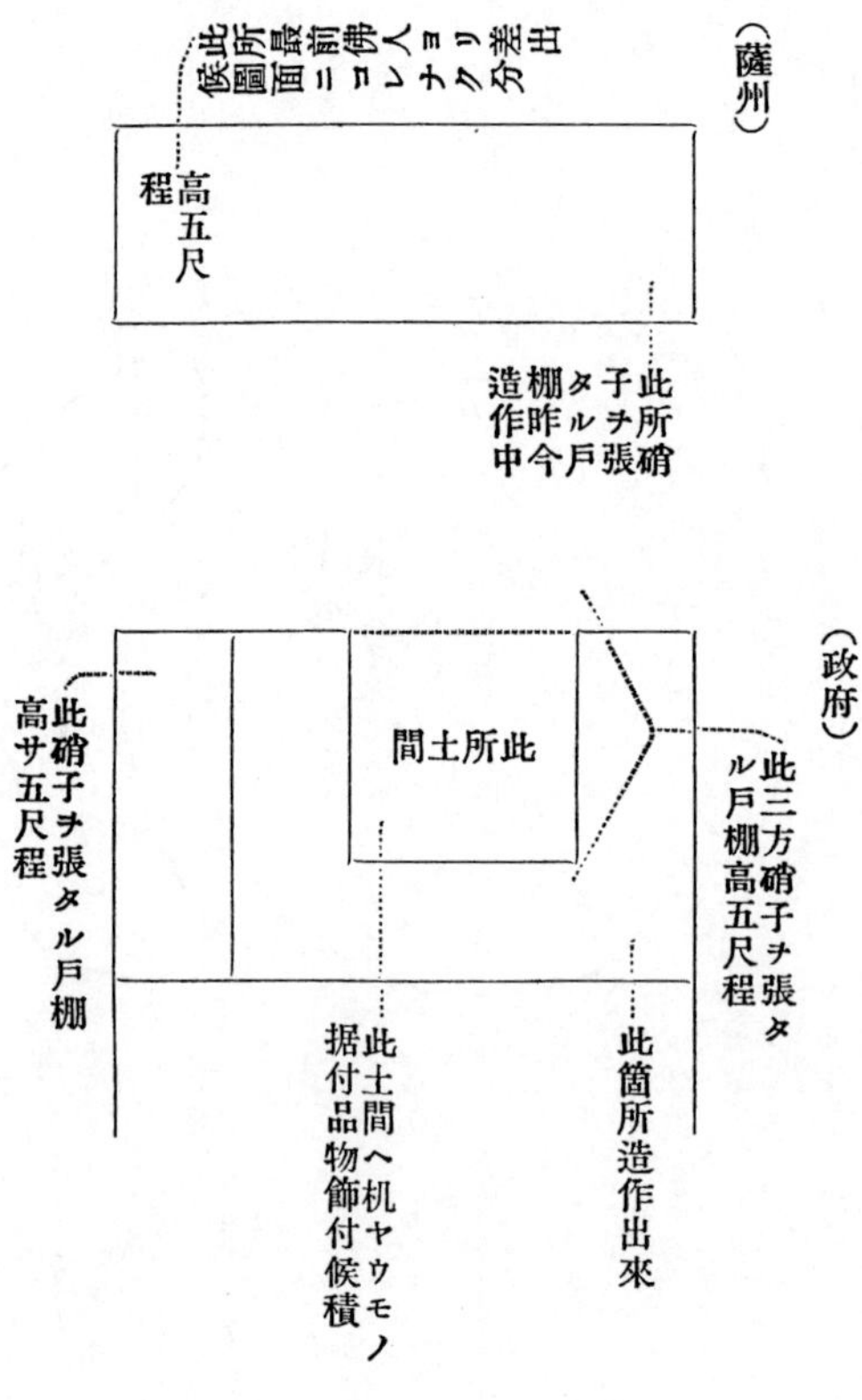

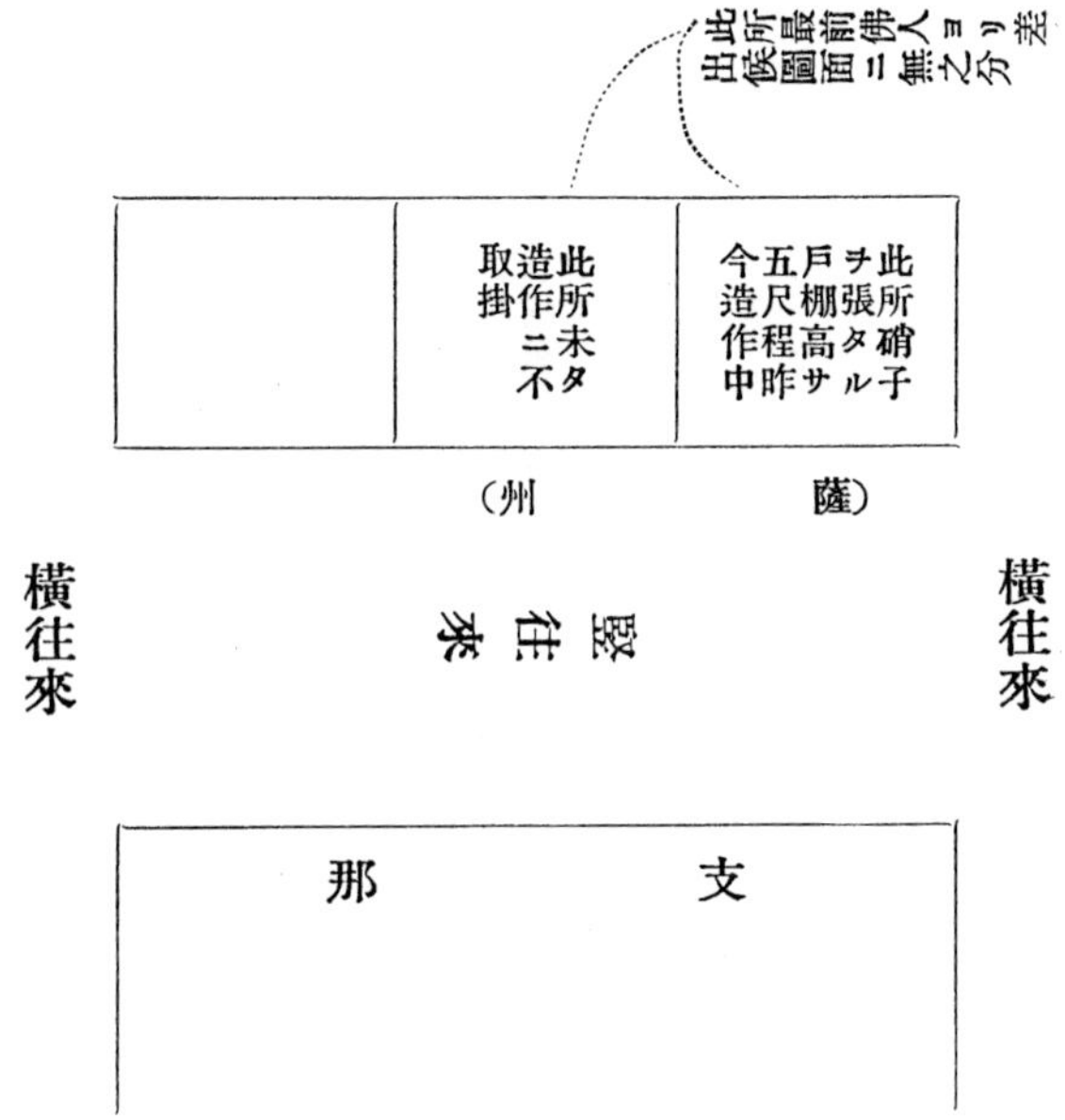
此所最前佛人ヨリ差出候圖面ニ無之分
此所硝子ヲ張タル戸棚高サ五尺程昨今造作中
此所未タ造作ニ不取掛
（薩
州）
横往來
竪往來
横往來
支
那

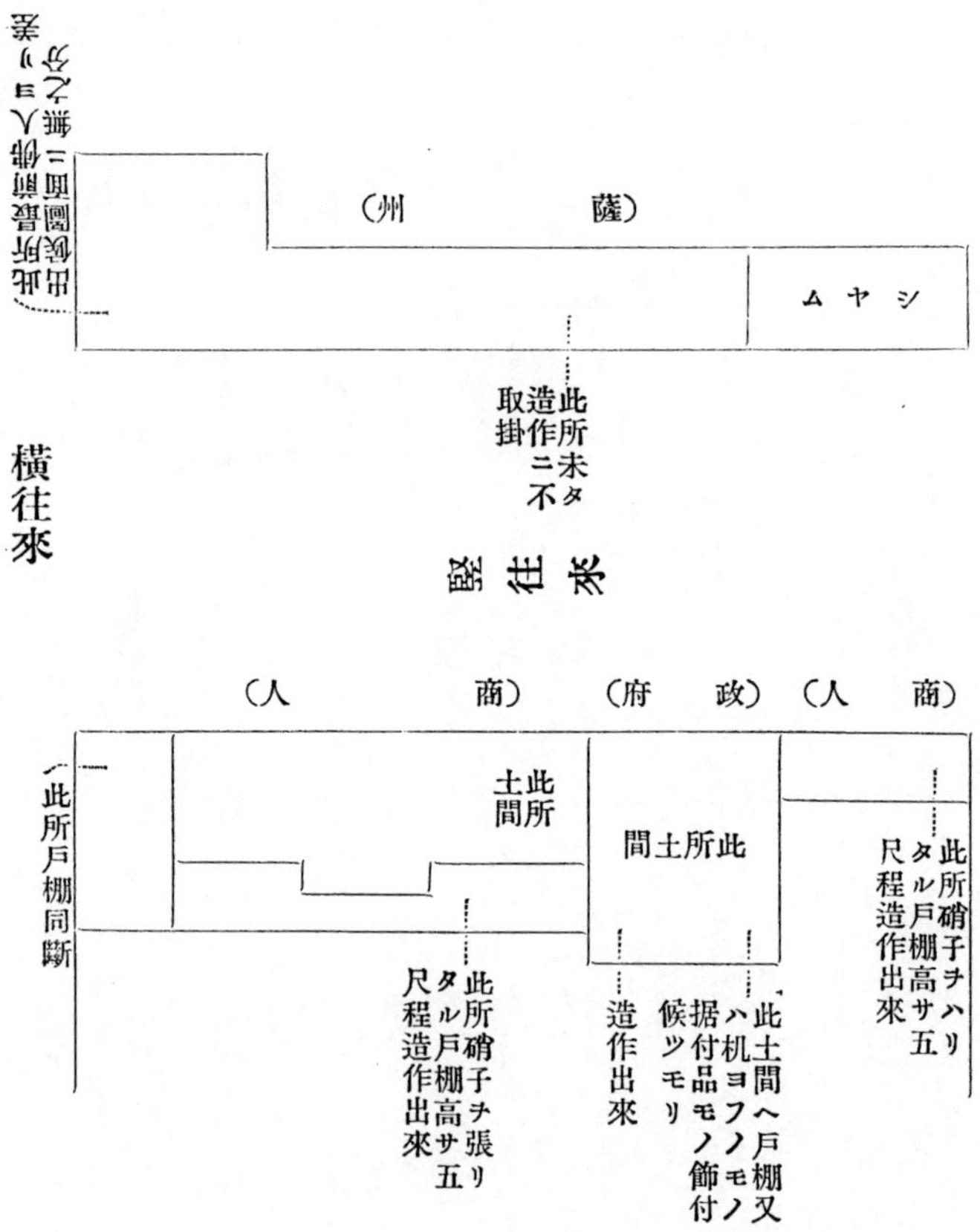
此所最前佛人ヨリ差出候圖面ニ無之分
（薩州）
シヤム
此所未タ造作ニ不取掛
横往來
竪往來
（商人）
（政府）
（商人）
此所土間
此所土間
此所戸棚同斷
此所硝子ヲ張リタル戸棚高サ五尺程造作出來
此土間ヘ戸棚又ハ机ヨフノモノ据付品モノ飾付候ツモリ
造作出來
此所硝子ヲハリタル戸棚高サ五尺程造作出來

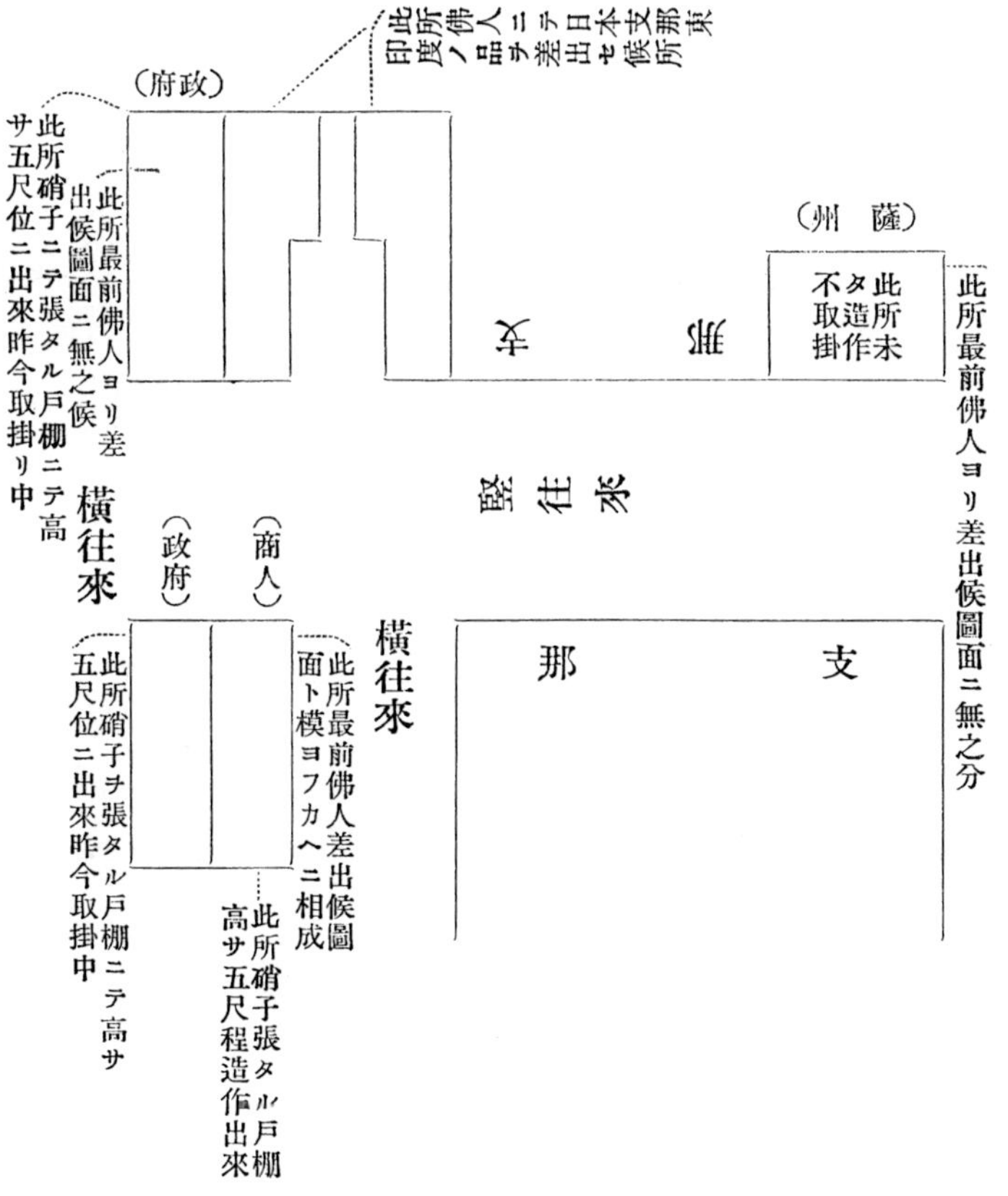
東
此所佛人ニテ日本支那東印度ノ品ヲ差出セ候所
(政府)
此所最前佛人ヨリ差出候圖面ニ無之候
此所硝子ニテ張タル戸棚ニテ高サ五尺位ニ出來昨今取掛リ中
(薩州)
此所未タ造作不取掛
此所最前佛人ヨリ差出候圖面ニ無之分
支那
竪往來
横往來
(商人)
(政府)
此所硝子ヲ張タル戸棚ニテ高サ五尺位ニ出來昨今取掛中
此所最前佛人差出候圖面ト模ヨフカヘニ相成
此所硝子張タル戸棚高サ五尺程造作出來
横往來
支那

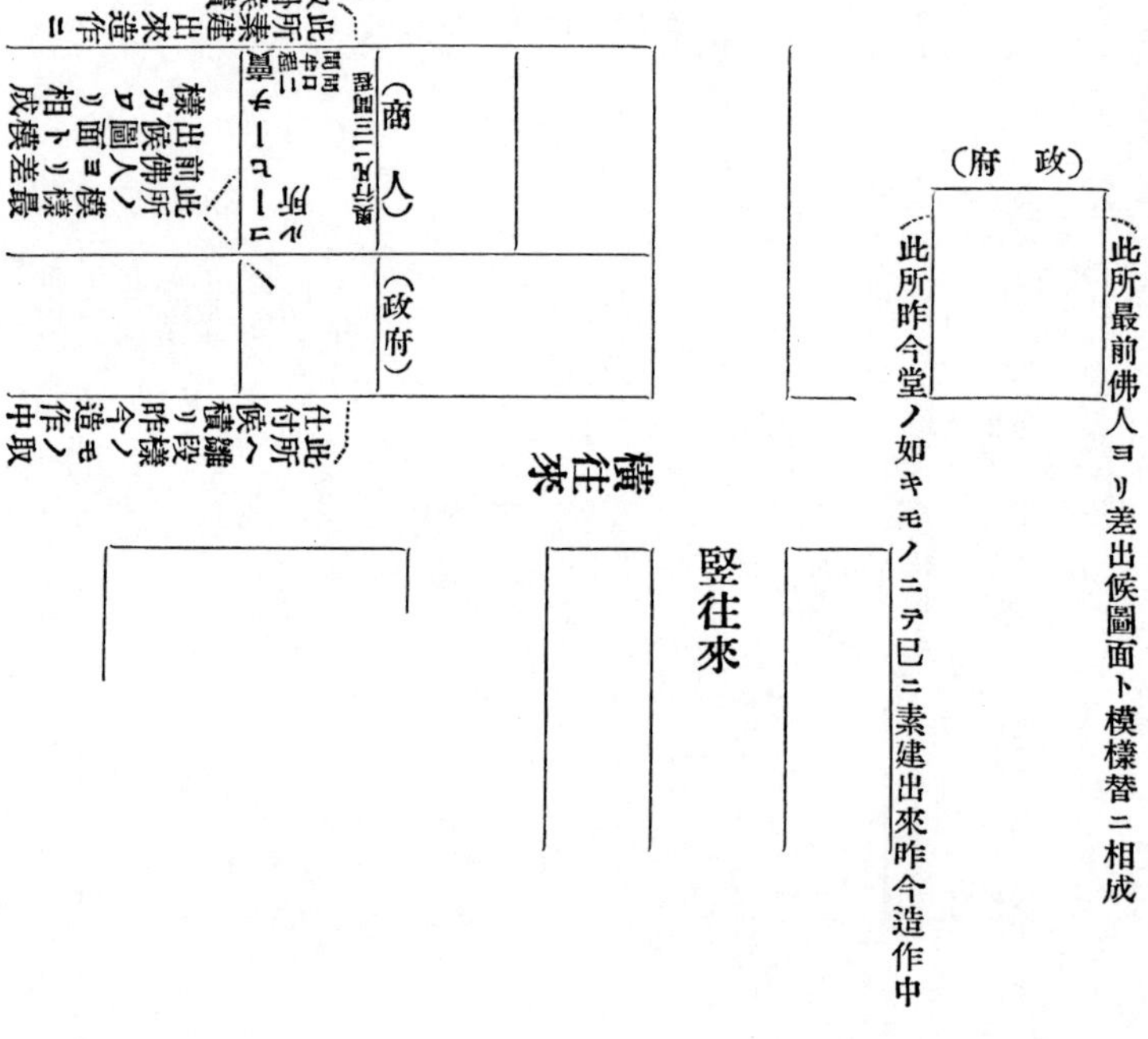
（政　府）
此所最前佛人ヨリ差出候圖面ト模樣替ニ相成
此所昨今堂ノ如キモノニテ已ニ素建出來昨今造作中
竪往來
横往來
（商　人）
（政府）
此所素建出來造作ニ取掛候積
此所ノ模樣最前佛人ヨリ差出候圖面ト模樣カロリ相成
此所ヘ付候積リ昨今造作中取仕段模樣ノ

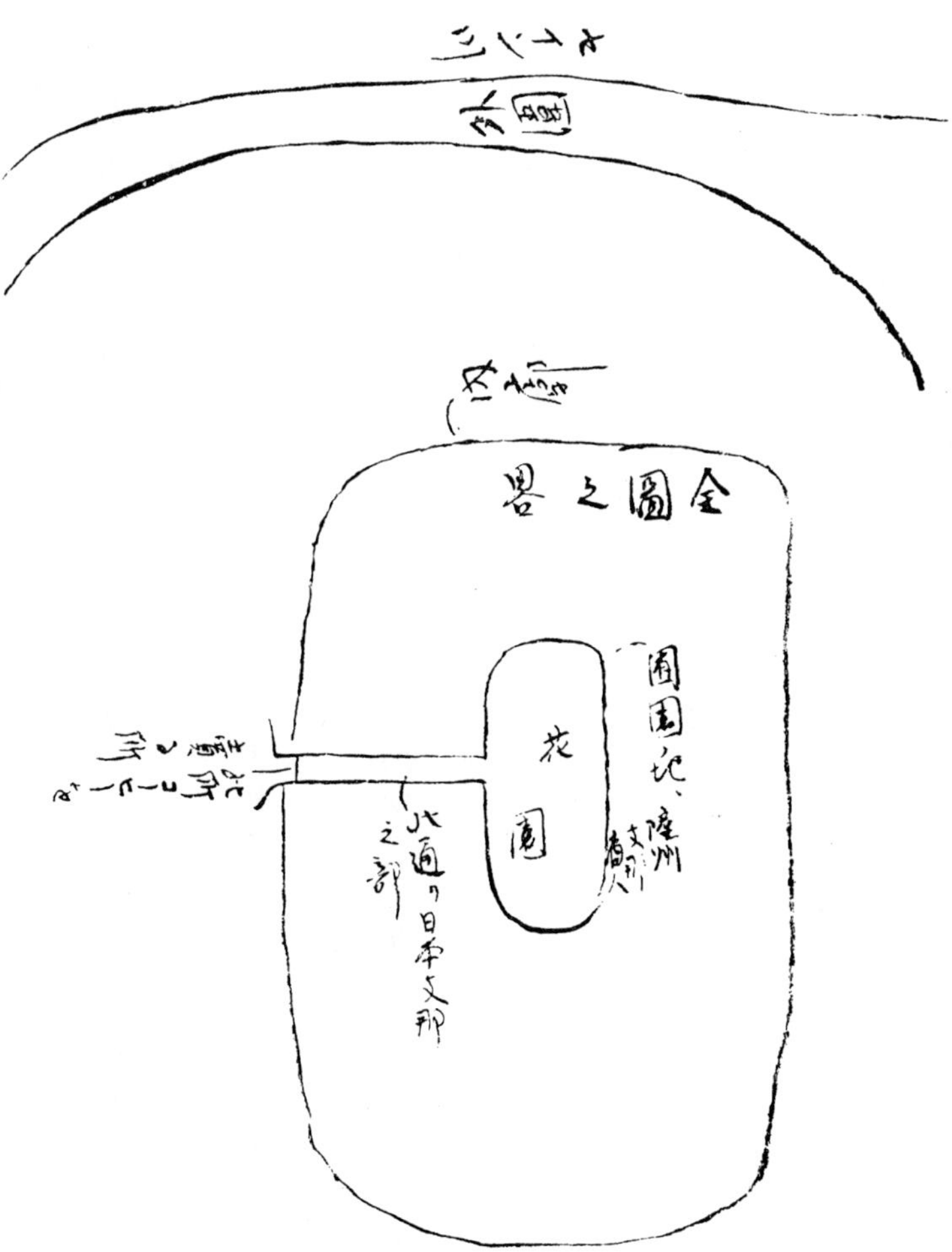
全圖之畧
花園

五　佛帝へ謁見濟の件向山隼人正よりの書翰　慶應三年四月七日

丁卯四月七日

第十號

二月十日附之御書狀幷出帆後之御書付寫御書翰寫御沙汰書御用留寫とも本月朔日相達披見いたし候先以民部大輔殿益御勇健にて巴里御逗留被爲在御附添一行之ものの何れも相替儀無御座候間此段可然被仰上可被下候去月廿四日第二時佛國皇帝御謁見無滯相濟尤太子は病氣中に付未た御逢無之本月三日夜帝宮夜遊之御招待に被爲入候處佛帝懇親に御接待いたし追々帝族よりも御接待申上候右御謁見相濟候儀申上候書付差進候間御一覽之上御進達可被下候右可得御意如此御座候以上

四月七日　　向山隼人正　印

塚原但馬守樣

柴田日向守樣

江連加賀守様
石野筑前守様

尙々圖書頭殿安藝守殿御上京近江守殿佛公使御同行御上坂備後守殿御作事奉行被　仰付候旨承知いたし候

フロリヘラルト宛御返簡書翰とも都合三通横文爲取調早速相達外國人ヽ功牌被下方之儀申上候書付去月廿二日附御用狀便を以差立候間最早御落手御進達相成候儀とは存候得共海外萬里之消息途中差支等難計候間右寫尙又差進候可然御取計可被下候

松平肥前守ゟ博覽會ヽ差出候產物之儀委細御用留にゐ承知いたし候間其段博覽會委任佛人プレーヽ書簡を以て申達置候

內狀幷一行之者宅狀入記之通に候間可然御取計可被下候山高石見守宅狀御用便之節に差出候樣御達し御差立方御取計有之候樣致し度候京地ヽ之書狀類御差立方可然御取計可被下候

往翰二月十日復翰六月十五日の條に載す○此の來翰六月十日江戸着

六　同上向山隼人正上申書　慶應三年四月

(卷表)
民部大輔殿佛帝御謁見濟之儀
申上候書付

去月廿四日午後第二時民部大輔殿佛國皇帝ヘ御謁見之禮典有之其節御國書御親呈萬端無滯被爲濟候依之此段申上候以上

卯四月　向山隼人正」

七　佛帝へ謁見手續書　慶應三年三月

佛帝御謁見手續

三月廿一日御旅館ヘ使節接待役バロンシビエー幷書記官モリス御尋問申

上其節禮部大臣ジックトカンハセレースより公子ゟ差上し書簡持參す右書簡左之通

千八百六十七年第四月廿五日

徳川民部大輔ソンアルテスゟ呈す

余謹てソンアルテスに申す余皇帝の命を伺し處皇帝殿下第四月廿八日即日曜日午後第二時にトイレリー宮に於てソンアルテスに公然と面謁せんとす公使接待兼禮典掛頭取及公使接待の書記官兼禮式掛補佐役第一時及四分三にソンアルテス及同行たるへき人々を見んか爲に其旅館に至り夫よりトイレリー宮其案内をなし又皇帝面謁の後同様なる禮式を以其旅館迄案内すへし

深く尊敬するの意を表す

禮式掛總頭取
カムバセイレ手記

當日禮車を備へ御案內申上候旨申聞依之人數名前書相渡候右書付左之通

徳川民部大輔殿

大君殿下之全權　向山隼人正

公子之傅役　山高石見守

歩兵頭並　保科俊太郎

第一等書記官　田邊太一

第一等翻譯方　箕作貞一郎

砲兵差圖役勤方　山內文次郎

第二等勘定役　日比野清作

第二等書記　杉浦愛藏

御附　菊池平八郎

井坂泉太郎

加治權三郎

扣席迄

同月廿三日朝隼人正禮典掛物頭取ガラントメートルデセルモンー方ゟ罷越公子之御名札持參謁見の手續承り合且御贈品差出方引合し處午後其筋の者一人旅館ゟ差出候間士官差添帝宮ゟ差送り候樣申聞候間其通り承知引取る午後第三時士官一人來候間調役其外之者御品馬車相雇載之ゟ差添城下に到る獻上の間ともいふへき所に到り御品臺之上へ並へ組立茶室は其場へ組立目錄に引合せ相渡す

同月廿四日朝飯も一時引上け第一時には御支度相整役々何れも禮服にて御用所に相揃無程フロリヘラルトも來る黒羅紗金飾禮冠佩劒第一時半禮典掛ヲシュスシヒユー禮典の馬車を備へ紫羅紗金飾禮冠佩劒來る公子は御衣冠黒袍紫の御指貫緋綸子の御召白銀造金蒔繪の御太刀黒の塗沓冠中啓隼人正石見守は狩衣薄色の狩衣淺黄指貫白無垢絹糸織沓佩劒俊太郎太一布衣貞一郎文次郎清作愛藏は素袍御附の三人は權に布衣を着用せり是は京地於て伺濟に付て也前の兩人ゟ一應御達有之御旅館庭前より禮車に被爲召公子の御衣冠を見奉らんとて雨をもいとはす二階段より庭迄往來も狹き迄に男女打交充滿せり第一車四馬御者兩人騎し兩人つゝ車の兩後に立つ隼人正石見守俊太郎禮典掛壹人第二車

六馬御者四人騎し兩人つゝ車の前後に立つ公子禮典掛一人幷カション僧官なれは禮服も不用且國帝の命により通辯の爲に罷出る第三車太一文次郎御國岡士ゼネラルフロリヘラルト幷御附添申上たる佛國長崎在留岡士シユジユレー第四車前同斷貞一郎清作愛藏幷シーボルト是は父シーボルト國帝の舊あるによりて謁見を許さる並車御附三人乘之城中正門騎兵武騎兩側に立銃兵門內兩側に立並ひ軍樂隊一部立並ひ公子御通行之節樂起るより玄關に入り車より下る階上戎器持し親兵立並ひ禮典掛惣裁禮服にて階下迄御出迎御案內申上る殿上間每に鎖して有り門官其側に立行當つて開き忽ち鎖す第五の戸に入れは則謁見の席にて側面三段高き臺あり左方皇帝右方皇妃左手皇帝之側に外國事務執政其他高貴之諸官人列立右手高貴の官女列立公子其席に被爲入中央おいて御挨拶有之其節禮典掛の者ソンアルテスアンペリアルジヤポンと披露公子御口上被爲述御口上案之通り俊太郎公子御左の方に進み佛語に直し通辯す皇帝ゟ答詞有之右答詞に云

兩國親睦の交際ある君主の舍弟に面接するを得るは滿足なり通商の利

益により最遠隔の國迄開化の及ふ事大慶なり

カション公子の右の方にありて日本語にて通す右畢て太一所捧の御國書服紗を脱し隼人正江差出す隼人正進み出是を公子に呈す公子帝座の許に御進み被成る皇帝右足を一階下に踏みて手を出す外國事務執政進み出御國書請取皇帝に捧く皇帝默禮して請取り事務執政に渡す右畢ゐ公子皇妃に御默禮皇妃答禮公子隼人正全權の旨御披露隼人正公子御側に進み一拜公子はしめ逡巡して御下り一同退出次の間に到り隼人正御贈品目録を禮典掛惣裁へ渡す玄關まて御見送り申上御案内の兩人御旅館迄御送り御歸路の式都ゐ御往路の通り

御贈品目録

マスセテ皇帝江

一水晶玉　一

一組立茶室　一組

一源氏蒔繪手箱　一

一松竹鶴亀蒔繪文箱　一

一實測日本全圖　一部

以上

外御附添いたし候書記官幷甲比丹等へ被下物別紙にあり

徳川民部大輔歐行一件　附佛國博覽會　巻六

一　民部大輔一行の旅館外諸件向山隼人正より外國奉行への書翰　慶應三年四月廿二日

丁卯四月廿二日

第十一號

以書狀啓上いたし候然は民部大輔殿益御勇健巴里御逗留被爲遊御附添一同相替候儀無御座候間此段可然被仰上可被下候本月八日英國太子當表到着いたし候趣に而同公使館ゟ御招待申上候に付御越御面會同十四日同公使館於て舞躍之催有之同樣御招待申上候に付御越佛帝幷后妃も被相越候同十五日佛后妃之催に而舞躍有之右へも御越其他外國事務大臣等晩食等之御招待申上候に付御越有之候

御旅館之儀リウデペレゴリー第五十三號相應之住居有之右御借受之約定

相整尤諸家具は損料にᦀは御損失不少候に付一と通り御買上之積にᦀ此節専ら御買上中に有之何れにも五月初旬之内には御轉移可相成手筈に有之候右之段可得御意如是御座候以上

四月廿二日　向山隼人正印

塚原但馬守様
柴田日向守様
江連加賀守様
石野筑前守様
川勝近江守様
平山圖書頭様
栗本安藝守様

返翰七月八日の條に載す○此書七月五日江戸着

二 巴里に於て民部大輔旅舍借入の證書 慶應三年四月日

一千八百六十七年第五月七日巴里斯の諸證書類請合人モッシユールドラパルムの請合にて巴里斯アムペラトリス街五拾番に在る家屋借渡之儀に付日本　大君殿下の全權ミニストル向山隼人正閣下とマダームフランセスラジウヰルと取替したる證書

魯西亞皇帝のヱイドドカムにて此度借し渡すへき家屋の持主モッシユールレヲンブランスラジウヰルの妻にして魯西亞ミンクス部に其夫と共に在住すへき筈なれとも當時巴里斯フヲーブールサントノレー街七拾三番に在るマタムソフヒープランセフスラヂウヰル下に姓名を記せる巴里斯諸證書類請合人モッシユルドラパルム及其同職にてモッシユールヂユプランを證人として云ふ

マダムブランセッスラヂウヰル其夫より得たる格別なる免許に從ひ且記名の證書類請合人モッシユールドラパルムの先役たるモッシユールパゴ

インチ八百五十八年第十二月十五日に書き認めたる證書之趣に頼り方今巴里斯カプユシアン通り拾貳番グランドホテルに在る日本　大君殿下の全權ミニストル向山隼人正閣下に巴里斯の中古昔のハッシー村第十六部アムペラトリース街に向ひ後面はペルゴレース街に向ひ右はモッシユールハルドンに隣し左はモッシユールチユボーに隣し二千七十四メートルの廣さある地所幷に地底にて大なる土臺の上に立たる丸柱の上に造營せる家屋厩馬車置場に門番所馬具置場其外借主の方にて已に見分したるに付十分に知るへき諸部分及諸附屬物をは少しも殘らす借し渡すことを證す

右は千八百六十七年第七月一日より三箇年六箇年九箇年の間借し渡すへし尤雙方にて此契約を止めんと欲せは三箇年又は六箇年の期限より六箇月前に書面を以て其趣を一方へ知らしむへし又借主の方は鏡及壁紙の備方出來次第右日附の前に此家屋に入るへし尤其借料は下に記す割合を以

轉住の日より之れを拂ふへし

契約の箇條

此證書に附屬せる左の箇條は借り主の方にて相違なく取行ふへし

第一。右家屋其外は方今在る所のまゝの有樣にて借受轉住より八日の後雙方の建築は兩人にて雙方出し合せの入費を以て手入れ爲し此證書の期限に至り右家屋を戾す節は其手入れを爲したる時と同し有樣にて戾すへし

第二。借料を償ひ且此證書にて約する所を十分に取行ひ得るに當る程の貴き家財其外を備へ置くへし

第三。門又は窓の運上は勿論其外右地所家屋に付差出すへき市中取締諸入用水及ガスの入費下水運上幷に一箇月八十フランク宛の門番人給金を拂ふへし

第四。方今借し渡す家屋地所又は向後付加ふへき家屋地所に持主の意に

隨ひ入用又は切要なりと思ふへき大なる手入れを爲さしむへし尤其手入を絶間なく取行ひ決して三箇月より長く續くへからさるへし
第五。借し渡したる家屋を破り又は壁を穿つことなすへからす又サロンの壁に針を打つへからす畫額は天井の下に在る三角形の物に掛くへし
第六。此度の家屋火災請合料を拂ふへし
第七。家屋は常に修復を爲し置き此證書の期限に至て之れを方今の如き有樣にて戻すへし又濕氣强く且寒冷なる天氣には善く之れを溫むへし
第八。右家屋の門番人は決して暇を遣すへからす門番人を擇み又入れ代るはマダムフランセッスラジウイルの爲すへき事なり尤門番人は正直にして勤務をなし若し借主の方にて相當の事にて門番人を入代へんと欲せは其通りになすへし
第九。右家屋に在る六萬フランクに下らさるへき家財をユムパギーゼネラル又はコムパキールソレール又はコムパキーレイギルに火災請合を

爲さしむへし若し又萬一右の請合の品物燒失したる時は借主の入費にて此證書に載する通りの借料に當る程の高を償として差出すへし

第十。庭及庭中の植込を其まゝに爲し置き若し木の枯るゝことあらは新に木を植付るへし

第十一。正直にして行業のよき貴き人にあらされは此證書を後日に至り引受せしむへからす但し其引受人となるへきものはマダムプランセッスラジウヰルの承知を得同人へ對し必す借料を渡すへしとの請合を爲すを要とす

第十二。此證書の入費且證書書料をマダムへ拂ふへし

借し渡さる部分之事

ベルゴレース街より入り玄關前の右手の方に在る二箇の部屋はマダムプランセッスラジウヰルの保ち置く所なり此部屋は家財の置場に用ひんとするものにて他人に借し渡すことを爲さゝるへし此部屋に在る家財は持

主の引受にして借主の方にては其附属の者のなせる仕業は別段其外總て
引受となることなかるへし

借料之事

此證書に從ひ拂ふへき借料は諸税金類を除き壹箇年三萬フランクなるへ
しこれは毎年三箇月毎に則第一月一日第四月一日第七月一日第十月一日
に拂ふへし先つ其初度拂方は千八百六十七年第十月一日になし夫より證
書の期限まて三箇月毎に拂ふへし
マダムプランセッスラジウイルは此證書の期限に至るまて地税又は大な
る手入れの外は入費を出す事あるまし
一　雙方慥に契約して曰く借料拂方は巴里斯に於てショウセーダンテン
　街廿八番に在るモッシュルドラパルムの役所に於て爲すへし
二　如何なる命令書法律等後日生することありとも借料拂方の貨幣は方
　今用ふる量目に協ふたる金銀の正しき通用金なるへくしてモッシュー

ル向山は決して此一事に付ては利益を得ることをなすましと契約す

三　萬一上に記せる期限に至り借料を拂ふ事なく且持主の方より拂ふへしとの催促あるより十五日を過るとも之れを拂はさる時は別段公事裁斷の事なく持主の定に隨ひ此證書廢物となり其前に拂ふたる總借料はマダムプランセッスラジウヰルの方へ償金として得置くの十分なる理ありとす後日に至り雙方にて議論の起らさらしめんか爲め今雙方にて取極め曰く此證書の事に付持主の出すへき別段入用は門番人の給料共一箇年二千フランク程となるへしと

マダムプランセッスラジウヰルはサロンの火燒所の上寢間食事の間に鏡を備へ且スチユックと云へるものにて飾れる外の部は相當なる紙を以て飾るへき事を約す

前拂ふ事

マダムプランセッスラジウヰル向山隼人正閣下の方より六箇月借料前拂

として壹萬五千フランクを慥に落手したり之れは此證書期限の終る前六箇月借料にて償ふへし

借料拂方之儀は前に載する通りの定則を變する樣借主より云出すことなるへし

此契約を爲すため雙方にて擇みたる場所左の如し

マダムブランセッスラジウイルはシヲーセーダンタン街貳拾八番に在るモッシユールトラパルムの役所に於て

モッシユール向山隼人正はリユウサントノレー街百六拾三番に在るモッシユールヂユプランの役所に於て

此證書はマタムプランセッスラジウイルの方は其住家に於て又向山閣下及モッシユール山内の方はカプユシアーン通りグランドホテルにおゐて大君の炮兵リユウテナンにて佛蘭西學に熟達するを以て日本使節通辯官の職を行ひ現今巴里斯カプユシアーン通十二番グランドホテル

に在る山内文次郎を證人として一千八百六十七年第五月七日之れを認む證書類請合人の立合にて此證書を讀上け通辯官其通辯を爲したる後雙方其姓名を自記し且證書請合人及通辯官も同樣其姓名を自記したり

此證書の元文の縁に左の語を記す

巴里斯第一の役所にして千八百六十七年第五月八日一號九十四第二部と書込且五百八十五フランク四十四サンチム又其十分一にして五十八フランク五十五サンチムを落手したり

トラパルム自記

三 「ブーセ」會社へ民部大輔用達申渡書 慶應三年四月廿三日

日本國

ソンアルテツスアムペリアル用達への申渡書

公子徳川民部大輔ブウルウアールデジタリアン街第廿九番ガレリーデパ

リーに在りて十分に衣服を貯へ商賣をなすブーセ會社の者共行儀正しき證を得且右の者共其職業に巧者なるの譽あるを以て之を別段に負最し惠むの證を示さんか爲にソンアルテッスアムペリアル徳川民部大輔の用達と云へる名號を彼等に與へんと命したり

其證としてモッシユールブウセ會社へ此申渡書を渡す

千八百六十七年第五月廿六日巴里斯に於て

ソンアルテッスアムペリアル

巴里斯に在る大君殿下の全權ミニストル

向山隼人正　閣下

命を奉して調印す

外國奉行支配組頭　田邊太一

四　民部大輔一行旅舍保險契約書　慶應三年　月　日

千八百六十七年第八月十七日
火災請合會社コムパギーヂエソレール
アッシユランスの當人ソンアルテッスアムペリアル民部大輔
アッシユランスの年限九年
アッシユランスの家屋は巴里斯アウエニユートアムペラトリス第五十番
リユウペルゴレーズの第五十三番
アッシユランスの利益となるへき金三百十三フランク七十サンチム取締の謝金
アッシユランスの徴效ある紙を張付る代二フランク半
三口合て三百十八フランク二十サンチム

五　同上什器保險契約高

各物品アッシユランス之高

諸様の家具類床煙出し　飾り物類
燈膳燭臺　陶器類硝子器類
銅器類　珍奇なる古物
書籍　彫物
函類臺所諸道具　飲食を入置諸器具
　合せて貳拾萬フランク
布類諸様衣服等　四萬フランク
銀細工類玉類　壹萬フランク
馬　九千フランク
馬車馬具馬の食料等　九千フランク
　右五口合せ請合賃貳百〇壹フランク

巴里斯アウエニーアムペラトリス第五拾番リユーペルゴレーズ第五拾三番に在る石にて造りアルドアズ石又は銅にて家根を付けたる家の諸部分

にて

三拾萬フランク

請合賃　九拾フランク

書料及印書の代　貳拾貳フランク七拾サンチム

各品物アッシュランスの高　總〆五拾六萬八千フランク

請合賃　三百拾三フランク七拾サンチム

請合九年の年限なるへく尤明日正午より數へ三年毎に書替ふへし

年々差出すへき請合賃は右之通り三百拾三フランクにして之れを毎年第八月十七日に拂ひ其請取書と引替ふへし

今三百拾三フランク請合賃幷取締への謝金及形付紙張付代を現金にて拂ふなり

千八百六十七年第八月十七日巴里斯にて之れを二通に認む

向山隼人正自記

アドミニスタラトール
某　自記
チレクトール
某　自記

六　博覽會等の件田邊太一等より報知の書翰　慶應三年四月廿二日

丁卯四月廿二日

以書狀啓上いたし候然者民部大輔殿益御勇健御逗留被爲遊御附添之もの一同相替候儀無之候間御安意可被下候民部大輔殿佛帝御謁見相濟候後諸大臣等より舞躍又は晩食等之御招待申上何れも御越英國太子も本月初旬當表到着いたし候趣にて御招待申上候に付同公使館江御越被成候同十五日佛后妃舞躍之催有之御招待申上候に付是又御越之處夜明之御歸館に相成候尤舞躍之節は何方にても大概夜明相成候民部大輔殿にも追々御慣被

遊候格別御難儀にも不被思召候○御旅館之儀リウデペレゴリーと申場所にて第五十三號借居相應に付右を御借受之約定相整申候尤諸家具悉皆損料にては却て御損失不少其上四五年も御留學被爲遊候儀に付都て御買上に取計候方御益に付此節專ら御買上取計中に有之何れにも五月初旬には御轉移可相成心得に有之候

一博覽會之儀御國產物飾附方追々相整候處シベリヲン儀本月十二日歸着いたし當節場所ゟ出張御品飾附方周旋罷在候

一秤　物差　桝　醫師道具中瓶箱

右先便御申越之通無滯着致し申候間相改候處秤分銅入記には拾九と有之候へ共　五十兩　三十兩　貳拾兩　十兩　五兩　四兩　三兩　二兩　壹兩　五匁　四匁　三匁　貳匁　〆拾三落手都合六つ不足に有之若御取落に候とも當方おいて差向差支も無之候間別段御差立には不及候

右之段可得御意如是御座候以上

四月廿二日

生島孫太郎
杉浦愛藏
日比野清作
田邊太一

宮田文吉様
齋藤榮助様
鵜飼彌一様
水品樂太郎様
石川岩司様
小花作之助様

尚々京地江之御用狀幷銘々内狀其他御配達可被下候以上

此書七月五日江戸着

七　佛人フロリヘラルより外國奉行朝比奈甲斐守等への書翰　慶應三年五月六日

丁卯五月六日

日本外國奉行

朝比奈甲斐守台下及ひ其同僚台下に呈す

法朗西在留日本

コンシユルゼネラル

千八百六十七年四月十日

巴里

彼れの高位なる德川民部大輔閣下は諸從士を遵れて四月三日朝九時マルセールに到着せし事を我汝等に報告す○我れマルセールの諸侯の前にて閣下に接會せんか爲に二日以前巴里を發してマルセールに至れり而て法朗西地方閣下を護送する榮を得る○道中護送の榮は佛蘭西政府の威權を閣下に與ふる事を我れ注意せり而て閣下法朗西に無事到着する事の懇切

を我に謝せり〇閣下マルセールの宿所に滞留する中我巴里に先き立て發足せり而て閣下之調練場及ツーワ《ロカ》ンの武庫を見物すへし而て諸侯今朝蒸氣車に乗しマルセールを出立し今夕シ《リカ》ヲンに至りて勞を避る爲に一泊し而て明後朝此地を發し同日巴里に到着すへし我閣下を必す迎ふ〇閣下は無事到着の幸福を得る而て閣下は　大君殿下の親族にて我れを感戴せしむる懇切なる贈物を我れに惠めり我れ其贈物を殿下の廣大なる懇切の質物とし又閣下の深慮なる仁惠の遺物として我の親族中に珍藏するならん〇外國奉行小出大和守はシンベートルヒユルクより昨日到著せり又今月十六日佛國の飛脚船メサシー船に乗りマルセールより六月一日に日本に歸國すへし〇佛朗西皇帝殿下より日本　大君殿下に贈れる二十五疋の馬無事にて日本に到着するを我信せり猶其馬は長く航海の苦を受くるならん〇台下兼て仁惠誠意にして僕屬に其懇情を受くるの厚き實に感謝に堪へす

返翰七月十二日の條に載す

フロリヘラルド花押

八　四國公使大坂にて將軍に謁見の件朝比奈甲斐守等より向山隼人正への書翰　慶應三年五月九日

丁卯五月九日

以書狀致啓上候然は

民部大輔殿益御勇健被成御座御一同御無異にゐ巴黎斯府江御着之趣今

日和州歸府にゐ致承知大慶存候當地幷京坂共相替候儀無之候

一亞英佛蘭共公使去月朔日迄に於大坂表追々謁見相濟申候兩都兩港御開

之儀其節御許容相成申候右等之書類一括差進委細者右にゐ御承知可被

成候此段可得御意如斯御座候以上

五月九日

栗本安藝守

小出大和守
川勝近江守
石野筑前守
江連加賀守
柴田日向守
朝比奈甲斐守

向山隼人正様

尚以圖書頭殿去月廿四日於大坂表參政幷外國總奉行被　仰付候

一民部大輔殿ゟ歴山港滯在之佛國公使江之御書翰壹封幷御謝品貳封とも大和守歸航之節達し方取計申候依之受取書一葉差進申候可然御申上可被成候

一上海ゟ御差立之御用狀　二月四日達
香港ゟ同斷　同月廿七日達

新嘉坡錫蘭嶋同斷　三月十一日達

亞丁ゟ同斷　四月廿七日達

佛國都府ゟ同斷　今日和州持歸

右宅狀等夫々相達申候

復翰七月十日の條に載す○此書七月九日巴里着

九　向山隼人正より塚原但馬守等宛滯佛狀況報知の書翰　慶應三年五月十四日

丁卯五月十四日

以書狀啓上いたし候然者民部大輔殿御事益御勇健法京巴里御滯留被遊拙者始御附添之もの一同相替候儀無御座候間此段可然被仰上可被下候

去月廿九日魯西亞帝皇子兩人被連當地ゟ到着いたし候

同晦日ボアデフロン競馬場おいて競馬有之各國帝王貴族等被相越候に付

佛帝ゟ御招待有之公子御越有之其節魯帝白耳義王孛漏生太子等江一應御面會有之候

本月朔日白耳義王孛漏生太子御尋問被遊御面會有之同二日魯西亞皇帝御尋問被遊御面謁有之　同夕佛帝よりの御招待に付劇場江御越尤佛帝魯帝はしめ諸王子等御列席之事

同三日孛漏生當地江到着いたし候

同四日ボアデブロンおいて盛大之調練有之佛帝より御招待申上候に付御越之處魯帝孛漏生王幷魯皇子兩人孛太子等佛帝同騎にて軍中に罷出る將官は魯帝之貴臣孛之執政有名なるビスマルク等にて其他は佛之貴官等何れも帝後に續き罷出る此調練尤晴之擧にて總勢六萬人計り之由其内騎兵一萬大砲百門計に相見へ大調練に有之細なる驅引は無之候へ共萬事相整美麗なるには驚入候見物雲霞之如く往來馬車に塡み候程にて仰山之儀に有之右調練終り佛魯帝一馬車に同騎いたし歸路之砌別紙新聞紙譯之通り

奇難有之右に付兩帝ゟ公子より御祝書被差遣候
同夕魯帝之催にて同公使館おいて舞躍有之兼て御招待狀さし越候間公子
御越之處兩帝共出席孛王其他貴族何れも集會いたし候
同五日孛漏生國王御尋問被遊御面會有之　同夕町會所おいて魯帝之爲め
催さる舞躍有之により御招待申上公子御越之處帝王貴族始集會せるもの
八千人計り珍しき大會に有之候
同七日佛帝より御招待申上魯帝孛王其他諸皇子諸貴族御同行にてウエル
セイルゟ御越有之
同八日佛帝宮おいて夜遊有之御招待申上候に付公子御越各帝王貴族諸役
人其外にて凡千八百人計り集會頗る盛筵に有之候
同日近江守殿安藝守殿より三月十二日附書狀到來落手いたし候
同九日松平肥前守家來佐野壽左衞門當地到着いたし候旨にて爲屆罷出候
間掛支配向之者を以博覽會掛りレセツフゟ爲引合場所ゟ產物差出方追々

為及談候
同夕孛漏《生脱カ》王より舞踊を催し御招待申上しにより同公使館江御越有之佛帝其他諸貴族集會致し候
同十一日アエニウデアンペラトリスにては第五十號ルーデペルゴレースにては第五十三號假御屋形諸御道具御買入相整御普請向出來致し候に付御轉移相成候則別紙横文所《マヽ》書差進候別紙山高石見守より之達書一通幷品書付共差進候間可然御取計有之候様いたし度右は京地江被申上其筋において取扱候而は多少之手續も有之自然時日相後れ將御品々取聚荷造方等不馴之廉も不少被存候間其段御申上可然御取計御座候様いたし度候
右之段可得御意如此御座候以上

五月十四日　　向山隼人正　印

塚原但馬守様
柴田日向守様

江連加賀守様
石野筑前守様
川勝近江守様
平山圖書頭様

尚々時候折角御保攝有之候様存候安藝守殿御出帆と存候間御除名いたし候新發明テレガラーフ瑞西人製作場にゐ出來候趣にて右商人にも面會いたし候様承合候處御國にて御用相成候には屈强と被存候間先一具御買上可相成積申談尤用法は瑞西ゟ御越之砌傳習受候様可致筈に約束致置候委曲内狀中に申進置候間可然被仰上可被下候以上

返翰八月十日の條に載す

一〇　歴山帝へ對する不敬事件（ラシエクル新聞抄譯）　慶應三年五月六日

千八百六十七年第六月八日我慶應三丁卯五月六日ラシエクル新聞紙中撮譯

歷山帝江對し爲せる不敬

パトリといへる新聞紙中において我等委曲の説を得たる左之如し調兵の擧終りて後那破侖帝と歷山帝と其諸皇太子一同乘居たる帝家の馬車ボワデブロンの並木邊を通行せし折柄一人の男子歷山帝江對し手銃を一發せり

歷山帝巴黎在留の間附添しめ置たる我國帝の騎兵モッシュルレインボウ是を見て直樣馬車の乘口の邊に進みたりしか其男子衆見物人の最前に立居たるを見受たりしかは直樣おのか馬を盤して其男子に乘かけんとせしに其男子は已に自からおのか手に傷付しをも顧みす其志を達せんと更に其手銃を二發せり其中の一彈は馬の鼻孔に中り一彈は自から其指の一を落せりこゝにおいて諸衆人悉く大聲を發して叫喊せり其馬の血帝家の車中に注き帝衣を汚せり是を以て國帝は傷を受たる事と見へたれとも天帝の眷佑に依て國帝及歷山帝少年の皇子も皆傷を受けたるものなかりし

拿破侖帝の神色少も變する事なく車中に立て衆人に向ひ誰も傷を受ることなしとのことを告たりしは人々感服せり歴山帝も同しく自若として我又同しく敵火を免たりと述たり皇子ウラヂユルの衣服血に汚れたりけれは拿破侖帝是に向ひて血に汚されたるは傷を受けられたりやと問れたりしに否君にはいかゝありやと對へられたり國帝及歴山帝各皇子の禮服も皆血に汚れたり

于時其場にありあふ人々皆憤怒して其男子を捕へ之を罰せんとせしかは無餘儀士官の警衛を要するに至りし其男子は直に一の馬車中に入れ二士官同乘し巴里の番士一ペロトン之を衛護して市中取締役所まて送りたりしは恰も五時半なりし

其男子の發せる彈丸一婦人に傷けたりしとも云ひ又其婦人の頭飾に中りたりし而已なりともいへり尤其婦人は馬車に乘せて同しく役所に送りたり其男子は波蘭人にてベルゾウスキといへるものにて年齢は二十歳器械

の職人金鋏類を製せる工家モッシュルグアンといへるものに屬して工を操れるものなり其男子と同車せる一士官爾の彈丸歷山帝に傷くることなしといゝたれは甚殘念なる體にて憤怒の顏色面に露れたりヘルゾウスキに其生國を糾せしに自若としたる體にて直に其波蘭人たるを白狀しまた其鄕貫年齡等をも隱すことなく之を陳述したり其ものはウオリニーの產にて二年前卽十八歲の節國を出てこの地に來り器械の職工となりグアンの手に附き其後モッシュルゲールの手に屬し今年の第五月四日ゲールの方より暇をとりたれとも兼而波蘭人の爲に法國政府より與ふる扶助金一ケ月三十五フランクと其他のものにて暮し居たり同車の士官其職業を廢せる所以を問たれとも答へさりし其後また歷山帝を狙擊すへきとの志を企てたる何時頃なりやと尋ねたりしに巴里到着せし事を承知せし日より思ひ立たるよしを云へり其最初は火曜日の夜遊劇場に赴くと聞其企をなさんとせしかとも手に一兵を持されは空くブールバールヘレチエーの往

來の角に立衆人の前に出て歴山帝を見たりしに帝も己の波蘭人たることを察知せる樣子なりと自からいへり且其往來にて衆人の波蘭人の爲に萬歳を唱るをも聞たりしか己は一言を發せすといへともその折柄より狙擊すへき志益決せりと云ふその明水曜日ブールバールセバストボルにある武器を鬻ける家に行て二挺からみのピストルを求めたりしに其商家にて八フランク宛の筒數多を示したり其用に適すへきや否を問ひしに其中一の試驗を經たるものあり九フランクにて賣るへしとの事なれは其最佳なるへきを告たれは是を買得たり卽其價を遣し其筒を携へ己か家に歸り藥を裝せんと試みしに其彈の餘り小さきを心附たりしかは他の彈を鑄んとせしか又心附て其彈を大きくしたりしのみにて止たり

其翌朝卽木曜日渠急き衣服を着し早朝七時に起出て其裝藥せる手銃を嚢中に納め午飯を喫せしも甚儉素なりし裸麥のパンイシソンすり肉に銀紙をかけたるものなり及ひ葡萄酒半瓶を傾け其餘すところを己か袴中に藏せる小瓶中に移し

て是を携へたり而して徐に競馬場の方へ赴きたり調兵場に歴山帝の到れる時是を發せんとせしかとも其道を知らさるにより終に帝車に出會せさりし調兵終るの後帝車カスカーデの道を歸るへきよしを聞知りたれは其岐を成せる路頭に立衆人の前に出て是を待受たり恰も騎兵隊一ジチレンー引來れる時なりしかは帝車是か爲に暫時路を撰ふか猶豫したりやかて帝車の進まんとせしとき渠帝家鹵簿に近つき拿破侖帝歴山帝兩皇子の車過る時ピストルをふりて是に近きたりと白狀せり

士官又爾輩を能守護せし政府の客分たる歴山帝を何の爲に狙撃せんと企たるやと問ひしに渠涙を流して佛蘭西に對しすまさる事をせし旨を述たり

士官再ひ歴山帝を撃んとせしのみならす拿破侖帝をも撃へき企なりやと問ひしに波蘭人の發する彈丸は決して他人に中らす歴山帝に直に中るへき筈なり

吏人をして歴山帝の虐政を受けす自在ならしめんとの外決して他意なしと述へ默然として居たり
諸裁判方の重役今午後問注所に赴きたるのみならすミニストルデメタルヱルはしめ帝命を以て悉く集會せり歴山帝のヱードテカン役なるマムトスワロフも出席したれとも自から高ふりて直に罪人を糺すことを嫌ひたりしかはルヱルより其最初の糺しは渠より始むへき旨を以て是を促したるにより渠魯語波蘭佛語等にゐ種々の問をなし其旗屬及以前の職事等を問ひしに十六歳の節波蘭一揆の企に組し砲を肩にせしか二年前國を去りしより親屬とも音信を絶ちしよしを述たり
又父と音信往復をなすやと問しに決して其事なく且他人より己れの隱謀露顯せんとの恐れあれは決して人に語ふ事なかりしとの事更に恐るゝ氣色なく幾回もくりかへして是を述たり
渠傷をうけたりと云て其左手を布繃し是を水にひたしなとして丁寧に介

抱なしたり
渠いかにも沈着して頗る才智あるへき様に見ゆ其故は陳狀にて調印し且ピストルは何れより買得たるなとの事迄もくわしく書面に認めたり
手銃は臺尻損し其内に彈丸一ッ入り居たり朝第二時即夜二時コンシュルセリトに連行番を附置たり

○

フランスといへる新聞中にも歷山帝に屬從せる諸官悉く憤怒して速に歸國あるへしと勸めたりしかはこれ式の事にて兼て期したる月日を一時も促すへきなしと答へられたり

一一　外人通辯任免の件老中より達書　慶應三年五月十九日

丁卯五月十九日
（巻表）「覺」

民部大輔殿御出立前佛公使申上之趣も有之御同人巴黎斯御着之上博覧會周旋方諸事之談判通辯等佛國都府在留メルメット和春義御國に永々在留致し深事情も相心得且本國之者にも有之御都合相成候事故民部大輔殿御附教師國事談判筋之通辯等相頼候樣可致英國シーボルト義は素より船中丈け御雇之筈に付一と先御雇御免申渡候樣可被致候事

一二　委任狀の件老中より向山隼人正への達書

附別紙委任狀　慶應三年五月廿一日

丁卯五月廿一日

別紙之趣令披見候巨細之事情栗本安藝守ゟ申含其餘件々同人ゟ達置候趣等委曲承り萬端御都合相成候樣盡力可被致候依之　御委任狀幷奉書相達候以上

五月廿一日　　小　壹岐守

板　伊賀守

向山隼人正殿

右卯六月七日壹岐守殿栗本安藝守ニ御渡同人不罷出候に付川勝近江守ニ御渡

本文別書とあるは呈書の別紙なるへし今散佚す

○

此度條約濟各國政府ニ談判筋之儀令委任もの也

慶應三卯年五月　經文緯武

向山隼人正とのへ

一三　向山隼人正滞歐中若年寄格任命の件老中より同人へ達書　慶應三年五月廿一日

此度各國政府ニ談判筋相勤候に付外國シアルジダフヱール相當之任を以御用中若年寄格被　仰付候内七千俵之高に御足高被下候條可被存其趣候

恐々謹言

五月廿一日　　　　　　　　　　　　小　壹岐守　長行

　　　　　　　　　　　　　　　　板　伊賀守　勝静

向山隼人正殿

一四　功牌の件に付塚原但馬守等より向山隼人正への返翰　慶應三年五月廿二日

丁卯五月廿二日

以書狀致啓上候貴様彌御堅固珍重存候然者先便御差越有之候シーボルト御雇之儀に付御伺書進達致し候處御書取添圖書頭殿被成御渡候に付承り附返上いたし右御書取壹通御伺書承附とも寫差進申候將又三月廿一日附之御書狀此程相達拜見御申越之趣委曲承知功牌之儀に付御申上書は早速

進達猶御見込通致し度専盡力いたし居候今便は前書御書取差進候ため差急得御意候此外之儀は近便可申進候以上

五月廿二日

川勝近江守印
石野筑前守印
江連加賀守
朝比奈甲斐守
塚原但馬守

向山隼人正様

猶以四月廿四日平山圖書頭殿若年寄并外國惣奉行於京都被　仰付去る十三日日向守大坂町奉行當分外國奉行兼帶但馬守英國在留被　仰付候尤未た内御沙汰に有之候且大和守去る八日魯國より歸府同十六日京都ニ出立致し候安藝守も上京中に付除名いたし候以上

來翰は三月廿一日返翰は八月五日の條に載す○此書八月朔日巴里着

一五　シーボルト雇傭の件向山隼人正より上申書　慶應三年三月

附同件に付老中達書

書面之趣は御別紙を以被仰達候通
可心得旨被仰渡奉承知佛蘭西國へ
申遣候樣可仕候
卯五月十九日　外國奉行

向山隼人正」

シーホルト御雇之儀に付申上候書付

(巻表)
周防守殿

御國在留英國公使附通辯官シーボルト儀此度歸國いたし候に付ゐは御國語も辨居御國事情をも心得居候間民部大輔殿當表御越相成候節右序を以諸般周旋爲心得候方御用辨にも相成可然哉奉存候間其段相伺同人御同船之儀公使へも御書翰を以御賴相成歸路旅費は爲御手當被下置候積を以御同船爲致召連越候處船中幷御上陸場所等公之引合は兼ゐクレー名代とし

て佛公使より御附添爲致候同國長崎コンシユルジユレー引請居候事には御座候得とも瑣末之事件英領長官之もの通辯等總而同人にて引請相勤殊に御國之儀は幼年より在留いたし一體之事情にも通曉仕居候間諸般之掛合宜敷御裨益不少事に有之且佛語之儀は留學生徒之内ゟ御附添通辯被仰付兩人之もの未熟と申には無之候得共通辯不馴之處より自然行屆兼候事も折節有之右は都而同人之助を借候事も不少此迄之處萬御都合相成候間博覽會幷各國御回歷に付而も國々言語も相異候處同人は英佛兩國語之外兼而日耳曼荷蘭をも心得居隨處差支無之此上御用便にも相成候儀に付引續御附添爲仕度奉存候間其邊當人へも内談仕候處差支無之由に付山高石見守申談尙御附添之爲改而御雇申入申渡候尤御手當之儀は是迄英公使館において請取來候見合も有之候間右に準し被下置候樣取計申候依之此段申上候以上

卯三月

○（巻表）「覚」

書面之趣は別紙を以相達候通可被心得候事

○（巻表）「覚」

書面シーボルト御雇之儀に付先便相達候趣も有之候得共改而御雇入申渡候上は無故差返候儀にも相成間敷哉に付栗本安藝守不都合之儀無之様可取計候事

本文先便相達云々とある書面は本月十九日の條に載す

德川民部大輔歐行一件　附佛國博覽會　卷七

一　軍樂隊音樂會招待の書翰　慶應三年閏五月六日

丁卯閏五月六日

千八百六十七年第六月廿七日巴里斯に於て

ソンアルテス日本公子へ呈す

皇帝殿下の仁惠に依て來る三十日日曜第三時ボアデブウロンのブレカテランに於て皇帝衞兵の音樂八盛大なる音樂の催を爲んとす此催は大博覽會に付ての最盛なる軍兵音樂なるを以て其節來臨し給はんことを謹んて希ふ

臣チレクトル

フヱブル手記

二　國書の件板倉伊賀守より井上河内守等への書翰　慶應三年六月三日

丁卯六月三日

佛蘭西帝ナポレオンに之
御書御上書丈其御地にて譯文相添被遣候樣尤御本書御認方御國風之體に御出來相成居候間右譯文は敬語其外彼國にて相認候通り之振合に不相成候ては不宜然上は　御名も御出來には不相成趣哉に其筋功者之もの申聞候間譯文爲御認之節右邊御含彼國風に御出來相成候樣其筋に御達可有之尤其筋之ものは右邊相心得居候儀とは存候へ共爲念此段申進候以上

六月三日　　板倉伊賀守

井上河内守樣
松平周防守樣

佛帝への親書佚す

三　同上返翰　慶應三年六月六日

佛蘭西帝ナポレオンゟ之
御書御上書丈當地にて譯文相添尤　御本書御認方御國風之體に御出來相成居候間右譯文は敬語其外彼國にゐ相認候通り之振合に不相成候ゐは不宜旨等委細御申越之趣致承知候右之段相含都ゐ御不都合無之樣譯文認方之儀相達則　御書栗本安藝守ゟ相渡申候此段貴答申進候以上

六月十一日　井上河内守

板倉伊賀守樣

四　川勝近江守へ博覽會用件等取扱の達書　慶應三年六月六日

丁卯六月六日

(卷表)川勝近江守ゟ

覺

博覧會之御用幷佛國にゐ之御用筋當地にゐ取扱候様可被致候事

川勝近江守

五　佛人モンブラン薩州より委囑の件塚原但馬守等より向山隼人正への書翰　慶應三年六月九日

丁卯六月九日

第三號

以書狀致啓上候然は民部大輔殿御事益御勇健被爲在將御一行一同御安全之御儀と存候扨三月廿一日附第九號御書中御申越有之候佛人モンブラント薩州より委任を受候との儀にゐ薩州ゟ左袒之説主張いたし候趣右は御國政府ゟは如何樣之手續に申上置候哉と之儀御申越有之候處薩州よりは元ゟ申立候儀無之佛國公使おいてもいまた承知不致儀に候哉何等之談も無之候間全く薩州おいて私に相賴周旋爲致候儀と被存候就ゐは猶御糺之

上後便御申越有之候樣いたし度存候此段御報旁可得御意如此御座候以上

六月九日

小出大和守 上京に付無印

川勝近江守印

石野筑前守印

江連加賀守印

塚原但馬守印

向山隼人正樣

猶以御書付幷御沙汰書共御心得に可相成分而已書抜差進申候

一宅狀數通入記之通差進申候

來翰は三月廿一日復翰は八月十九日の條に載す

六　田邊太一より同僚への書翰

慶應三年六月十四日

丁卯六月十四日

二白先便申進候孫太郎殿身分之儀も可然御周旋奉願候時下折角御自愛
局中詰合ゟも一同宜敷御傳聲可被下候宅状も毎度御届方奉願候

一簡拜啓仕候御地は既に暑熱之候に可有之被爲揃益御淸榮被成御勤仕珍
重之御儀奉存候當表公子益御機嫌能隼人正殿御初御支配向一同無異御座
候間御安意可被成候博覽會も御國產物羅列も漸々出來上り產物鑒定褒賞
之盛典も相濟御國政府ゟもカランプリー之賞牌頒與有之先以御國光にも
相成候儀と恐悅奉存候尤役々其外ゟも賞牌出候得共未た頒與は無之委細
は御申上幷御表狀にて御承知可被成候六左衛門卯三郎茶やも當月始より
開店三婦人も列坐頗る繁昌いたし日々之大入にて御座候先月八日栗本安
藝守殿より隼人正殿宛御內狀到來尤横濱表にて御認之趣にて三月十二日
附之ものに有之外に御用狀も無之隼人正殿石州御宅狀なと少々は封入相
屆候得共御支配向一同宅狀も參り不申御內狀之趣にては大坂表御用相濟
次第當地ゟ御越にも可相成樣相聞取候間御用之筋難相分に付　公子御巡

國之儀も先御見合相成四日御用狀着之上御決定可相成積御座候處此又何とも御申越も無之坂城御模樣なと亞米利加新聞紙にて粗相分り候得共固より風說迄之儀啌といたし候事にも無之フロリヘラルト抔より御國御模樣大坂兵庫御開港之儀等時々伺出候所御挨拶も御差支之儀都而外國人共は委曲之事情承知いたし既に大坂兵庫御開市を見込當節當地出立御國ニ相越候迚御用伺之爲罷出候者も有之候位之儀故此方より法政府ニ公之御引合等も無之而は不相成筋之所兩月御用狀相屆不申御不都合千萬は勿論公子御巡國之儀御程合も分り兼因循打過候內は何所迄も御名代之名義に而御附合其外兎角に御入用多第一御不益にも御座候間早々當地御引拂相成候樣いたし度と心配仕候而も所詮川向之喧嘩にて眞に當惑仕候就而は公便御議論有之御書狀に相成候御內狀中にも委曲被仰遣候よしにて御座候得共橫濱表郵船便は壹箇月之中佛米各一度英兩度都合四度は御座候事故每便と申譯にも相成間敷候得共せめて兩便は御さし出相成候樣仕度尤

宅狀等は壹度にて差支無之候得共政府外國人御接待振之所は時々御申越不相成ゐは彼我所をかへ候ゐ實に外國人ゐ對し赤面而已致候事多候間其邊御含可然奉行衆ゐ被仰立御取計被下候樣仕度奉存候一昨年中薩州より白耳義國ゐ使節差向條約取結度よし申入候由右は同國先王リオポルト第一世歐洲各帝王中にて有名之口きゝにて右ゐ手寄り自立を計候企にも可有之既に同政府にも御國政府之方御條約之模樣可相分に付右使節之申立承諾いたし假條約にても爲取替候運に相趣候處假御條約爲御取替相成候旨之信到來いたし薩之方は斷に相成候よし法國政府抔にても同國之待遇振傍觀いたし居英國なとは勿論に有之候所右にて法國政府之見込も相改り當年博覽會之爲薩州より岩下佐治右衛門抔アムバサドル之名義にて被差送候得共博覽會掛り役々抔はモンブラント之賄賂等にて取繕有之候間種々工等仕候得共公之掛合に相成候得はいつもへこみ勝にて固より使節之待遇にも不相預候間佐治右衛門も當地引取英國ゐ相越夫より歸國可

仕よしに御座候外國と御條約爲御取替相成候儀は御國脉を助候儀は當今は三尺童子も承知仕候事故右等之事情事々敷申上候迄にも無御座候得共承込候まて御笑種々奉申上候奉行衆には御噂も被下候はヽ永日之御慰にも可相成候所餘何も可申上儀無御座候先略筆仕候以上

六月十四日　田邊太一

文吉様

榮助様

彌一様

樂太郎様

博覽會御差出御品物之内當節御旅館御座敷向御飾付等可相成又は御巡國之節御土產物に御持越相成候品々殘り少相成候間右之方に御差廻し可相成積を以十數品御拂方不取計御旅館には取入置候事に御座候右は委細掛り之ものには可申進候得共猶宜敷奉行衆には被仰上可被下候

太　一　又啓

七　佛國博覽會受賞の件向山隼人正より塚原但馬守等への書翰　慶應三年六月十五日

丁卯六月十五日

第十四號
以書狀致啓上候然は民部大輔殿御事益御勇健に御逗留被爲在拙者始御附添一行之者何れも別條無御座候間此段可然被仰上可被下候此程博覽會褒賞之禮典有之卽別紙新聞紙譯之通りにて御國產之內第一等之褒賞に相成佛國ゟ御國江被贈候黃金大形メダイル民部大輔殿御落手相成候に付別紙申上書御一覽之上御進達可然御取計可被下候扨博覽會に集會いたし候各國帝王皇族等も已に褒賞之禮典も相濟候間追々歸國および博覽會御使節に被爲任候凡之御禮典被爲濟候間最早各國御巡歷被遊候て可然御場合之處右は兼て民部大輔殿江　公方樣ゟ之御直書にても被仰遣候哉に致承知

候然る所御用狀二月十二日出之一信到着いたし候而已にて其後已に半年にもおよひ候得共更に消息無之尤安藝守殿ゟ之內狀三月十二日出五月八日相達候得共近々之內出帆可相成との趣にて其後上京之上如何相成候哉將出帆被致候はゝ如何樣之御用筋に候哉御樣子柄更に相分兼甚心配いたし候間斷然御巡歷被爲遊候譯にも至り兼去迚御使節之御名義に被爲任御附添役々多人數空しく逗留いたし候得は博覽會にて諸色高直之折柄莫大之御入費相立候而已ならす公子御學業も其爲め階梯を爲し候儀相成兼其上各國江被爲對候ても餘り機會に後れ候得は氣受如何可有之哉夫是御不都合不少候得共四月初旬出佛國船便には御用狀を以右等之事情何と歟被仰越候儀は必定に付當六月上旬には右書狀到着可致間右にて御決可相成と日々企望いたし公子にも深く御心配被爲在御國之御消息御待被遊候處佛國船便は已に有之候得共御國地之御用と違ひ萬里外之遠地書信引宛候處右之次第にては不都合之次第に有之其上公子も御在留被遊候所御國內

之御樣子不相分却而新聞紙等にゟ其一端を外國人より御承知相成候樣に而は御失體申迄も無之此以後右樣に而は自然行違之儀出來可申哉と掛念いたし候就而は横濱表よりは英佛共月々船便有之佛船而已引宛候儀にも有之間敷候間壹箇月兩度宛は必す御用狀御差立御國內之御樣子も被仰越候樣いたし度存候別紙新聞紙譯幷申上書メダイル摺寫相添此段可得御意如斯御座候以上

六月十五日　向山隼人正

塚原但馬守樣
柴田日向守樣
江連加賀守樣
石野筑前守樣
川勝近江守樣
平山圖書頭樣

猶々京都表原市之進殿ゟ今便は別段書狀差出不申候間本文之趣可然御申通可被下候英國ロンドン留學之川路太郞中村敬輔より近江守殿ゟ之壹封拙者ゟ御屆申吳候樣賴越し候に付卽差進申候御落手可被下候以上

返翰八月十二日の條に載す○此書八月十二日巴利著

○

○附新聞譯

千八百六拾七年第七月一日

今日サンヅリチヱイのアンヂストリー宮に於て博覽會褒賞の配分あり宮中の大柱ある所にゐ劇場之棧敷のことく造作なし貳萬人餘の人を容るゝに易き樣につくれり其中間に博覽會に出せる品物を十分に分ちたる中に就ゐ重立たるものゝ標式を示せり帝坐は宮中の北邊にあり其左右には此禮式の爲に招請せし諸公子公女等の爲に坐を設けたり帝坐の前には諸執政官議政官其他貴官列立せりチブロマチクの諸官は帝坐に對向せるとこ

ろに其棧敷を設けり第一時半博覽會に品物を出せる褒賞に預るへき人々は各其品の種類によりて區別せる地に坐を占たり
新定の特賞に預る人々は帝坐に對向して列せり第一時四分三に帝及陪從の官人次のことくトイレリー宮より出立せり親衞槍隊の笛手同コロチル槍隊一ヱスカドロン一ペレトン宛縱隊にて押たり皇族の槍隊其次ソンアルテスアンペリアルプランセスマチルダ從官及フランスナポレヲンフランセスコロチルタの從士六馬に駕せる第一の車には皇妃に從へる宮女兩人宮殿の奉行皇妃の側役同第二車には中宮の侍女兩人皇帝の第一等側役同側役同第三車には中宮の侍女壹人親衞都指揮使マルシャル太子の傅中宮附屬アジユダントゼ子ラール同第四車陸軍總督側役の頭狩人の頭禮式掛長官同五車フランセスコロチルダ同マチルダ右側にフランスナポレオンの馬役左側に槍隊のカヒチイン前に六人の槍士これに從へり第六車は八馬に駕して皇帝皇妃太子及フランスナポレオンその右側に馬役の頭帝

家の第一等馬役百人組の頭砲兵の士官帝家の馬役左側には帝家のヱトテカン中宮の第一等馬役太子のヱトテカン砲兵の士官太子の馬役帝家の百人組二隊親衛騎兵一ヱスカドロン一ペレトン宛縱隊にてこれに從へり右の同勢時計御門ゟチーレリーの庭コンコルトの廣小路サンスリセイ通よりアンチストリー宮に入れり

ガルトナシヨナル及ガルトアンペリアルといへる兵隊兩側に列して警衞嚴を極たりシユルタンはその鹵簿左のことくヱリセイ宮より出立せり最先には親衞槍隊の笛手同ロイテナントコロ子ル槍隊一ヱスカトロンにて一ペロトン宛縱隊其次四人のガルソン四馬に駕せる第一車はシユルタンの側役兩人ヱドカン貳人六馬に駕せる第二車側役次官ハリツトヘー兵隊のセ子ラールマルコサツシヤ醫官の長を兼たり都兒格帝家第一等の通辯官ヘリーフイベー帝家より附屬せしめたる佛帝の側役同第三車その國の外國事務執政ヒユアトパシヤ第一等側役セミルベイ第一等書記官ヱニン

ベー禮式掛の長官キャミルベー車前には四人の槍士あり其次は八馬に駕せるは都兒格帝同太子外公子アブシュルアトットヱフファンジー公子ヱフヱフファンヂーその右側にはシュルタン附帝家のヱトテカン同馬役百人組之頭左側にはシュルタン附砲兵の士官都兒格太子附同親衛槍隊のカビテイン帝家の百人組一隊槍隊の一ヱスカドロン一ペレトン宛縦隊を以て是に從へり其同勢はホブールサントノレー街ロアヤルサントノレー街コンコルト廣小路サンゼリセイ通を通行せり其道筋はカルトアンペリアル及ツルーブドリー又其兩側を警衛せり兩帝ともアンヂストリー宮に正二時到着あり博覽會副總裁ミニストルテダ始諸掛り役々これに接し招請されたる公子公女其外は既に各其座に就てあり帝其坐に就かんとする時諸人みな山呼して其壽を祝し千貳百人之樂工帝徳を頌して樂を奏せり帝二時半に坐に就たり佛帝右にあるものはオットマン帝シュルタンアブシユルアチユスカン殿下英國太子荷國太子サクセンの太子佛國太子魯國之

公主意太利第二王子英國第二王子フランセスマチルダフランストテツキ英國王子なるへし帝后の左には孛國太子サクセン太子の妃意太利太子都兒格太子メヘメットムーラットヱフフアンチーフランセスコロチルト意太利第二王子の妃チユクドリフタンペルクプランスナホレオンプランスヘルマンニトサクセン都兒格の第二帝子アブシユルアミット皇帝皇妃の後には都兒格シユルタンの子ユーリフイセヂンヱフフアンチー、ソンアルテスアンペアル徳川ソンアルテスアンヘリアルシヤンミラフランセスシヤンミラフランスジヨアキンミラ及妃同フランセスジヱーミラ同プランスナポレオンボナバルテ同妃フランスアシルミラ又其後に帝家の貴官宮殿のアヂユダントゼ子ラール帝家のヱードテカン帝家の士官及其夫人シユルタン附の士官外國公子公主に附たる士官等なり帝家の博覽會副總裁ソンヱキセランスモツシユルルーヱ次の申狀を讀み上けたりいわく今日之禮式につき帝側に侍し玉ふ太子の總裁し玉ふへき職掌階下よりの委任を受其事務を取行ふ爲の趣意を聊こゝに説明し又其爲に諸人の勉勵せしこと並に此會の模様及ひ成功を上陳せんとす其事に付ては此迄種々故障も少なからす先シャムデマール地に更營し建物を築く十五ヘクタールほとの大厦を造營し展陳せる産物の種類を區別するに衆多の物産及國民等の爲其所志を滿足せしむへし然るに其間僅に數月間のみなり

此度の博覽會はこれを以前のものに比すれは廣大なる設たるは他の言語を用ひす僅に計數の字を擧れは了解あるへし卽千八百五十五年の會には建物園囿を併算して十五ヘクタールなりし同六十二年には十二ヘクタール半今茲六十七年には幷せて四十ヘクタール餘にしてその三分の一は建物たり千八百五十五年の會に品物を出せし人數は貳萬貳千人六十二年には貳萬八千人今茲は六萬人に及ふ且産物の量は少なくとも貳萬八千噸に下らす如此衆多之品物を速妙にこれを陳羅することを得しは他事なし此會の爲に歐州大地に蒸氣車轍路を新營しその交際を便せしによれり器機

を運動するか爲に設くる所の漢力は千馬力餘に及ひ其爲に費すところの水は人口拾萬の市府に用ゆへき程にいたれり

如此大業を僅の日月の中になすに幸にその功を奏せり就ては此國の爲には衆人の譽を博しまた皇帝の褒賞に預るへしとす

世人博覽會につきては萬國の品物を比較し學術進歩の輔翼とすることは驚くへき程なり以前の會には圖畫及工作農耕具等を區別せしかとも此度は都てこれを一所に陳列せり此盆其術を見るに足るへしとす博覽會建物その事に適當せるよふに製造し各國の產物一覽の下に暸然たるよふその種品を區別し且周圍の間地を以て器機を列するの場とし然とも重大の力ある器機各その力を逞くして互に妨碍することなく危害を生することなき樣にこれを經營し且これを覽るか爲めに小高き所を造り衆人迫りてこれを見るとも危きことなきはその功を建築家に歸せさるを得す此國人及ひ外國人の手細工物を見るにその工人器機と並馳して物を造り出すこと

を見る又天産物を見るに各國の政府又は各人の數奇にて取聚めたるもの其富を見るに足る又園囿に游ふときは各國の俗習これを掌下に見るへし中庭にはセーヌ河水を引て噴水の觀を設けビランクールの博覧會を見れは此國にある耕作の具を見るへし陛下今こゝにその成功を擧るともこれを慊に非すとは見給ふまし乍然帝家の掛り役々外輔佐のものありとも其輩而已の力にてはかくまてには至るまし故に臣輩の勤る所は但其第二等に位するのみ其上等には他人にあり今こゝに其謝詞を陳せんとす外國の委任を受けたる人々各其國に秀拔なる人々にてまた各其國の爲に力を盡しその國の工作その外其眞を失わすして此會に列せしは此皆其人々の力に依れり然してかゝる驚へき盛擧に及へるはまた五萬人の工人預りて其功を共にせり然しなから右樣に其力を競ふ内に就てまた其最者を撰まさるを得す右は此會掛りのものは多務なるによりこれをジユリーアントルナシユナール公鑑廳といふか如しに委任せり是は各國の産物貿易等に明かなる人の

會社なり其人等は各其國をおもふの心なきにあらすといへとも事皆正理に基き私の依怙なきその勤をなせり其心を以て各國の各其先を競ふの意を抑へ其煩を憚からす功を奏するにいたりし事今日これを陛下の前に謹白す右の人々には左の褒賞を領せり

ガランプリー大形金のメタイル	六拾四
金メタイル	八百八拾三
銀同	三千六百五拾三
紫銅	六千五百六拾五
褒詞	五千八百〇壹

かくまて多數の褒賞ありといへとも猶其賞すへきを遺すもの多かるへし此度新たに公鑒廳にてもまた前同様に其力を用ひたり此廳にては其品物を吟味するのみならす其家中の制度等迄殊更に吟味せしなれは輕しとす此廳にて頒與せしものは

プリー　拾貳
褒詞　廿四
シターション　四

のみなり陛下其内秀拔なる人に諾詞あることを許せしにより掛一同ゟ其謝詞を述ふ扨又萬國之博覽會成功に付各國の景説を略說すへし此度の博覽會は現今の人にて頌賛せられ且後世迄も稱美せらるへきは世界萬國の物產其備せさることなきゆへを以てなり歐州各國のみならす亞米利加亞弗利加極東之國々迄其列に入れり亞米利加合衆國は六十二年の會には國に內亂ありて其物產を出すに及はさりしか六十七年の會には交際上切要の國なれは今其爲に十分の地を占たり
亞米利加の大地及南亞米利加の國々も各其掛りの人々によりて銘々の國光を輝かせりオットマン帝國都兒格及亞弗利加の西北にある回々敎國は其品物を送りしのみならすシヤムデマールの眞中に於て家室の製と往古

の姿とを示すへき家屋寺を造立し大に我輩の耳目を開けり如此は皆其君主自から勉精して此博覽會の輔佐をなし給ひし力に賴れり極東の國[illegible]迄我輩の萬國博覽會に關係することなかりしも今度は其地に差遣せし公使商人敎師學士等の力によりて皆其列に加はるに至れり巴社支那及日本と名ける國及其附屬の國々とも皆我輩の化に歸せりかく衆國民の好意を以て此一場中各其功を競ふことは數百年來開化の進步を示す一年表と見做すへし今度新に第十種の一類を立齊家使工の道を吟味せしは心學の進步を見るへく大人童子の學問其他製家の法等に於て人ゝに益あること少からす是以前博覽會になき所にして今度新に建る所なり右に就て褒賞を得るものは同し工を共にするもの其商社及政府等の世話行屆けるを賞するものなり故に今茲の博覽會に於ては新に發明せるものゝ勵みとなり力を戮すときは大業をもなすへきの理を示し貿易の自在をあらはし各國人民の經濟の道を示し量尺貨幣等一致せは都合となるへき筋を了解せしめ且

又各國の間に相忌相悋の念を消し相敬し相愛するの意を生せしめこゝに來觀するもの此國革命の際大亂ありしことを打忘れて卽今太平の樂化盛に俗美なるに驚なるへし各國君主皇族みな此會に來りて其樂を共にするより後來は干戈の虞なく世界太平に歸すへき一效を示せり都ゐ如此もの是皆陛下御宇の史中一業を添へて將千八百年代の盛典たるへし

右の申狀を讀み了りし後國帝左の言葉を述たり諸君よ

此擧は十二年前より以來竟に再ひ國を富し人生を利し人心を開しより人々の褒賞を頒つことに及へり古希臘の時競馬の擧を以て極盛の事のことく昔時詩人の是を聲詩に播き後世に傳るもの多かりしに今度の擧は全世界の人々各其智功を競ふこと開化の極度にはよく至る不能とも抑その階梯となるによしなしとはいふへからす當時詩人是を觀は夫是を何とかいはん大地球上各部ゐ凡百技藝智巧機をあらはす爲め競て此國に聚會し各君主にも亦各其助力をなさんか爲めこゝに來臨あり故に此一擧は形而下

のことく見るものあるへしといへとも其實は形而上の理に關りて人心の一致平和を輔け四海一家共に太平の樂を饗くへき一場をなすものといふへし萬國の民人各こゝに聚會せるより互に相尊崇することを知り互に相愁怒することなく己の國の富盛は卽他國の富盛を助くる所謂なるの道理を辨へ全地球上凡有の物華天寶盡くこゝに聚觀することなれは今茲に千八百六十七年の博覽會は實に是をユニウエルセール全世界に行わたるの意といふも不可なかるへし新發明の物の傍に極古代の品も羅列し美奢一流の物品あれは實際第一の器機あり人間凡有の智巧自から明白なるへし工作の利用におゐては今度ほと心を用ひたることなし卽工人の敎養厚生及ひ併力同工の趣意にありては殊に意を注ける事なり是以凡有の開化皆其首を齊ふして進むの勢あり學藝日に新なれは萬物盡くこれか役となりて人智自在を得へし人心日に開けは鄙吝の念消失て人情益厚くなり得へし

諸君歐洲各國其他の君主皆我爲に此國に來問ありしこと我榮を爲すに足

ることを祝せられんことを望む

且此國の盛大文明なるを諸人に示せしも亦諸君の爲めに誇るに足るなるへし如斯して猶此國の盛大を不見此國の開化を鄙しむものあらは是却ゐ各己か國を愛する念なきものといふへし此國は近頃迄は國内も穩ならす或は外境迄も侵擾することありしか今は已に太平富饒にして却ゐ他國の開化を誘め同しく文明の域に至らんと其爲國人の驚くへきほとに心を用ゆることは他の國人も是を許すところたり己か本國の爲に其面目を存することに心を用るとも是皆己を利し人を害するの通にあらすといふことは聊事理を解するものは知る所なるへし故に此國に暫時にても在留する外國人は此國の他國人の爲に愛恕の念深く尊敬の意厚きことは了解し得へし朕今掛り役々鑑定の人々に對し各其所職を盡し勉力ありしことを此に謝すへし且年未た幼冲なるを以てせす幸に此盛擧に預れる我少子の爲併せてこゝに謝詞を陳ふ千八百六十七年の博覽會は萬民開化の階梯たる

こと朕尤期する所にして皇天幸に其運を輔け皇祚を永久に保持し國人を安寧にし人心慈愛の源を開き道心正理の徑を報するに至るこ朕敢ゐ是に任せり帝此詞を述る間は衆人稱賛するか爲め往々其詞中斷するか爲め人々また是を聞かんとて立者あり掛りの副頭領ソンヱキセランスモッシュルホルカード次の順席に依ゐ褒賞を受る人々呼出せり(中略す)カランドプリーを得るもの其第一にありレジオンドイルの最たるものシバリヱーのもの其次に立たり各種に分てる人々各其頭領に導かれて帝坐前に進みガランドブリー及尋常及最上の等にあるもの各其賞牌を得る爲めに帝坐前に上り行けり其賞牌は副頭領ソレヱキセランスマンサンウヱルランゟ兼ゐ帝に呈したるものなり其他の賞牌は各部の頭領ゟ是を頒つへき旨帝命あり最後は新建の公鑑廳にて與ふるものなり工人の家屋建築の事につき國帝に獻すへき賞牌は恰も皇子の手を經て是を頒受あられし其事了りて後國帝皇后及ひシュルタン各國公子一同各國の部分を巡覽せるとき各國

掛り役々の前にて博覧會總裁モッシュルフレーミニストルデタによりて其名を披露せり
其間樂工の頌歌と衆人の祝詞と相應して夥しかりし此禮三時四十分を以て了りシュルタン去て後國帝も退去ありて其去に臨んて一應掛り之者ハ宜沙汰あるへき樣ミニストルデタに命せられたり

八　佛國より幕府へ寄贈のメタルの件向山隼人正より上申書　慶應三年六月

丁卯六月
（巻表）佛國ゟ御國ハ差贈候メタイル之儀に付申上候書付

向山隼人正

去五月廿九日當地アンヂストリー宮於て博覧會褒賞之禮典有之佛帝はしめ各國帝王貴族出席いたし候に付民部大輔殿幷私山高石見守罷越候處精

良之品差出候者およひ各國掛役人ゟ金銀銅メタイル差出就中精妙之物品差出候國々ゟ其國ゟ宛別段メタイルさし出候旨演達有之御國產之內養蠶漆器手細工物幷紙第一等之褒賞に相成候旨にて本月二日右掛りゟものゝ別紙摺寫之通黃金大形メタイル持參いたし民部大輔御請取相成申候右褒賞に預り候は御國之外數箇國に限り格別御國榮にも相成候儀に付民部大輔殿より其段佛帝ゟ御謝書被差遣私ゟも博覽會副總裁ミニストルデタゟ謝書差送申候尤右大形メタイル之外猶追々精良之品差出候者及掛りゟ之者等ゟメタイル差出候趣に御座候得共未た製造中之よしにゟ受取不申候間追ゟ請取次第可申上候依之別紙メタイル摺寫相添此段申上候以上

卯六月

原圖同大

九　佛人フロリヘラルより小栗上野介等への書翰

慶應三年六月十八日

丁卯六月十八日

於巴里斯千八百六十七年三月廿六日

日本におゐて
勘定局ミニストル

小栗上野介

外國奉行　台下に呈す

柴田日向守

慶應二年十二月六日附を以て余に充てられし貴翰落手せり大名松平肥前守博覧會へ其物品差送るとのことを承知せり右は今より二日內には巴里斯へ來著する筈なれと尙其節は余に周旋いたすへし

右同日之書翰今一通も慥に落手せり右に申越されし使節一行も無滯間兒塞へ著港せられ當月廿三日同所を出立し同廿四日夕六時一同巴里斯に安著せり相應之住家を見當るまて當分之內余か周旋を以てグランドホテルテルーウルへ旅宿を設けたり博覧會へ差出すへき諸品之箇《マヽ》り物數多今より二日之內巴里斯へ著すへし到來次第速に右荷物解開き直に博覽會中へ

排展する様盡力いたすへし
大名薩摩并琉球島之吏人其産物直に博覽會の場所へ差送り右大名之周旋人とて巴里斯にあるモンブラント氏日本政府之爲め設けたる地所之外に別區の場所を得たり余は此事を不正なるを嚴敷外國事務ミニストルへ辯駁し薩摩之産物も皆日本之ため設けたる地所へ展別せしめ其國旗之下にあらしむへき筈なりと論したれは余か言の如く事落著すること疑ひなかるへし且右之趣を以て博覽會總裁へ達すへしとの事なり
當月日曜日則ち十七日國帝ナポレオンを拜謁するとの大榮を得たり國帝にもマゼスチ大君政府博覽會へ盛に品物を差送られ他國産物中に日本之物品數多排列するとの由を傳聞し甚喜歡ありし樣子なり
鹽島氏より別封台下等へ差出呉樣頼み出しに付爰に封し送る
余か恭敬之深意を爰に述ふ

台下之從僕

日本之
コンシユルゼネラール
フロリヘラルト

往翰二通は共に丙寅十二月六日返翰は本年七月九日の條に載す

一〇 樺太境界規則書拔等送附の件山口駿河守等より向山隼人正等への書翰 慶應三年六月廿五日

丁卯六月廿五日

四月七日附第十號御書狀當月九日到著致披見候民部大輔殿益御勇健被爲在巴里御滯留三月廿四日佛國帝ゟ御謁見相濟候に付御申上被差遣當月十日壹岐守殿ゟ進達いたし候

一北蝦夷地經界規則書寫孛國ホンプラントゟリントウ地所引合之書類其外御書付御沙汰書拔差進申候右可得御意如是御座候以上

六月廿五日

小出大和守
川勝近江守
石野筑前守
江連加賀守
塚原但馬守
山口駿河守

向山隼人正様
栗本安藝守様

尙以日向守殿は兵庫大坂開港開市爲御用明日上京被致候
一本文經界規則書は各國ぃ御達し可相成積に付右御書翰案爲御心得差進申候

來翰は四月七日復翰は九月十三日の條に載す○此書九月朔日巴里著

徳川民部大輔歐行一件　附佛國博覽會　巻八

一　佛人ヂユリーより田邊太一宛日本へ歸還旅費請求の書翰　慶應三年七月五日

丁卯七月五日

千八百六十七年第八月四日巴里斯に於て

モツシユール田邊ゐ

余昨日蘇士にて借りたる千フランクの金高共に總て日本公子一行の勘定を濟したり余横濱へ歸る途中の入費を申述んとす余此書を呈するは余十分本筋なるを以てなり余は元ソンアルテスに附添ふ爲にあらされは日本を去ることを爲さゝるへし若し此事件と御老中よりの書面を以て賴ことなくんはモツシユルレオンロセスも余に日本を去ることを許すへからす

之を許すは外國事務執政の權にあるのみ余佛朗西に來るの免許を得は少しの費用もなく且少しの心配もなく來るを得へき機會兩度あるなりモッシユールレオンロセスより余に聢と語りしには余佛朗西に來る入費を自ら差出さは日本へ歸路の入費は日本使節の方より差出すへしとモッシユールロセスの家にて饗應ありし節ミニストルレオンロセス御老中と共に余をソンアルテスに面謁せしめ余之に附添ふへしと吹聽したり余は今年此旅行を爲す程の用事なし却而來年の方を好む處なりし敬白

ルヂユリー手記

返翰送致の月日を詳にせす由て此書に附す

二　同上田邊太一よりの返翰

慶應三年七月五日

貴國八月四日附之貴翰を落手し使節一行入費勘定濟之趣を知り足下此迄之周旋を謝す足下歸旅入費之儀は曾て日比野君にはなされしよしにて同

人よりも承知せり今此書中に述ふる處を見て更に其詳を悉くせりといへとも我等か心得とは聊齟齬せる處あれは氣之毒なからこゝに一辨駁せさるを得す我等か初ゐ横濱を出帆せし時公子之爲附添周旋之ものを其ミニストルレオンロセス君に托せられ將レオンロセス君より足下を任しこれをレオンロセス君の宅裏饗應の節足下を公子に面謁せしめたるは固より相違なきことなれとも爾時我等か聞くところにゐは公子周旋之儀はクレー君の任すへきところなれとも折惡敷上海邊に商用ありて始終附添同航することかたけれは足下歸國せらるゝを幸ひその事を托せられたるよしなれは旅費のことも此方にて取賄ふへき旨をも述たるに固より旅行序のことなれはその儀に不及よしなりし爾時但足下の清廉と義を好むとに感服せし迄にて候者たゝ往路のみにして歸路は使節の賄たるへきとのことは兼ゐ聞く事なかりき故に足下歸國の爲には猶好機會ありしに但公子に附添る爲のみにて多分の費用と心配とをかけたりとのことは今始めて聞

ところなれとも萬里の波濤を經て不案内の旅に赴くことなれは公子はしめ一行のもの足下格別之配意を累はせしは我輩もとより心肝に銘して絶て忘るゝことなけれは既に公子よりは其御藏器の一つを遺想の爲差贈られ向山君よりも謝狀を與へられたれとも猶これに報ゆるところのものもまたおもふところなしとせす是以て我等の胸中に存することなれは足下より請求すへきの理はあるまし向山君山高君よりも足下功勞に就ゐは我政府に建議あられし趣あれは足下日本へ歸らるゝ後は或は足下の望を達する事もあるへきにより今姑く默してこれを待れんこと宜しからすや我たゝ足下の懇親に對し心を盡してこれに答ふ幸に其不敬を咎るなかれ

田邊太一

三　山口駿河守等より向山隼人正等への書翰　慶應三年七月八日

丁卯七月八日

第四號

四月廿二日第一號御書狀七月五日到著致拜見候然者　民部大輔殿益御勇健にて巴里御逗留被遊御附添御一同相替儀無之趣御申越致承知其段壹岐守殿ニ申上置候英國太子其表ニ到著にて同公使館にて御招待申上候に付御面會相成同館おいて舞躍相催候節も御越相成候趣等云々御申越之趣共致承知候御旅館之儀相應之住居有之候に付御借受御約定相整近々御轉移之趣致承知候右御報旁可得御意如是御座候以上

七月八日

糟屋筑後守

菊池伊豫守

石川河內守

川勝近江守

小出大和守

石野筑前守

江連加賀守

塚原但馬守
朝比奈甲斐守
山口駿河守

向山隼人正樣
栗本安藝守樣

猶以去二日小野友五郎初一同亞米利加より歸航いたし候
一去三日元表御右筆所二階ヘ當局轉移相成申候
一去六日菊池豫州外國奉行被　命直に北海道諸港見分之積にゐ支度用意可致旨被仰渡候
一殿中御沙汰幷御書付其外御心得可相成書類書拔差進申候
一去月廿六日佛國ゟアラヒア馬獻上致し候に付美濃守殿其他參政方陸軍役々御本城大手御門內にゐ御受取相成候但牡馬十一牝馬十四都合廿五に候右御返謝物として別紙之通被差遣候積に有之候

一去月廿八日駿河守甲斐守但馬守儀外國總奉行並被　仰付席之儀は陸軍奉行並之次と可心得旨被仰渡候尤高之儀は未定に御座候

來翰四月廿二日の條に載す

四　使節の旅宿斡旋并博覧會の件に付柴田日向守等よりフロリヘラルへの返翰　慶應三年七月九日

丁卯七月九日

佛蘭西巴里於て

モッシウルフロリヘラルトへ

千八百六十七年第三月廿七日附之貴翰到來致披閲候處我國使節一行無滯馬兒塞港同月廿三日同所出立同廿四日夕六時巴里へ安著いたし候段委細領承我等於ゐも大慶無此上義存候就ゐは右使節一行止宿之爲適宜之住家有之候迄貴君御周旋を以一同グランドホテルへ寓居相成候由其他我國政

府幷大名松平肥前守より其御地展覩場へ差送候諸品物之儀に付御注意之趣等は不淺感荷いたし候將貴君貴國皇帝へ謁見之節我政府展覩場へ差送り候諸品諸國之物產中へ排列有之候段皇帝にも御傳聞相成滿悅被爲在候由我政府に於ても欣喜之至存候彼の薩摩幷琉球島之吏人其產物を直ちに展覩場へ持越し貴國人モンブラント氏之周旋を以て我政府之爲兼而被設置候地所之外別區之地を得て其產物を排展致し候義は大に我等の意外に出候儀有之乍併貴君之を正理とせす其段貴國外國事務執政へ嚴敷御論辯有之候趣なれは定而貴說之如く治定相成候義とは存候得とも右等之儀は我國政府に取り其關係不淺事に付爾後之成行委細承知いたし度希望いたし候鹽島より差越候書翰は慥に相屆き候此段御廻答およひ度如斯候謹言

慶應三年丁卯七月九日　　小栗上野介花押

柴田日向守花押

來翰六月十八日の條に載す復翰差越すや否を詳にせす

五　民部大輔附佛人輔導官人選の件向山隼人正より塚原但馬守等への書翰　慶應三年七月九日

丁卯七月九日

第十五號
以書狀啓上いたし候然は民部大輔殿御事益御勇健御滯留被爲遊御附添一行之もの何れも相替候儀無御座候間此段可然被仰上可被下候

民部大輔殿御留學敎師之儀に付而は兼而御國書之趣も有之候間人撰方先頃ゟ外國事務執政ニ度々書簡を以て掛合および同局東洋掛官吏ニも數回引合候所去月中國帝より軍事執政ニ被申渡民部大輔殿附添として人物相撰候樣命令有之趣に付軍事局ニ引合候處ロイテナントコロ子ルウイレットと申もの被命候旨申聞去月廿八日同人假御屋形ニ罷出民部大輔殿御面會相濟本月二日より假御屋形ニ相詰御側おゐて御修行之御世話申上候右は佛國太子同樣之御敎育申上候積之由尤國帝よりも其段被命候趣にて候

右は各國御巡歴後より踪と御學科相立御修行可相成儀には候得共夫迄之處先右之手續に相成候間右に付申上書幷往復書簡寫差進候間御進達可然御取計可被下候
右之段可得御意如斯御座候以上

七月九日　向山隼人正

塚原但馬守樣
柴田日向守樣
江連加賀守樣
石野筑前守樣
川勝近江守樣
平山圖書頭樣
栗本安藝守樣

返翰九月十七日の條に載す

六　民部大輔附輔導官の件向山隼人正より届書　慶應三年七月

（巻表）
佛帝ゟ民部大輔殿ぃ爲附添候コロ子ル之儀に付
申上候書付

向山隼人正」

民部大輔殿御留學御傅之儀國帝ゟ陸軍執政ぃ人物相撰候樣命有之候趣外國掛りゟ達有之候に付陸軍局ぃ及引合候所ロイテナントコロ子ルウヰレツトと申者被命候旨申聞去月廿八日同人假御屋形ぃ罷出民部大輔殿御面會相濟本月二日より假御屋形ぃ相詰諸事御世話申上候依之私ゟ外國事務執政ぃ差送り候書簡寫幷同人ゟ之返簡譯文相添此段申上候以上

卯七月

七　輔導官の給與等に付向山隼人正より佛國外務大

臣への書翰 慶應三年六月廿三日

佛國外國事務ミニストル
エキセランス
マキドムスチエヱ

以書簡致啓上候然者サマゼステ國帝より軍事執政に我公子保傅之爲將官之壹人を撰む樣被命し趣告知せられ承知せり我公子之爲サマゼステ國帝之格別配慮いたされし段我公子にも感佩被致候趣余より是を謝す軍事執政閣下之意を迎へ余爰に我公子之側に侍すへき保傅之人々は左之約束を要する事を勘考せり幸に是を閣下及モッシユルマルシヤンユール之考案に供すサマセステ國帝より撰附られたる人には壹箇年貳萬フランクの給分を渡すへし尤佛國陸軍之習のことく歐州歷法毎月の末月割を以て公子の計吏より是を渡すへし現今公子旅館中に其人を容るへき部屋なきを以て其ため壹箇年に五千フランクを償ふへし尤月々に是を拂ひ今其人の爲

め詰所として假に一の部屋又は座敷を設け又食膳の用意を爲すへし公子保傅の職掌に至りては サマステ國帝自から撰擧あられし上は其意を以て其職掌を定めらるへしとす其保傅の人は公子敎學の長として其敎習のため任せられたる諸人を指揮し及公子の心術行狀の持方敎習に於て威權の行はるへきことを知る乍然國政に關るへき事及大君殿下の命令と違へることき樣の事に付ては公子に保傅たる山高石見守と豫め是を議すへきことゝす閣下余か爲に懇切なるの情を謝し且爰に尊敬之意を表す拜具謹言

慶應三年丁卯六月廿三日　　向山隼人正花押

八　佛國外務大臣ムスチエーより向山隼人正への書翰 慶應三年七月四日

千八百六十七年第八月三日巴里斯に於て

日本大君殿下の全權向山ゐ

去月廿四日附貴簡ゐ返答として余謹て申す軍務執政貴簡の趣を承諾し皇

帝の意に從ひエダマジョルのロイテナンコロ子ル兼マレサルニヱル閣下のヱイドカンたるモッシユルレオポルトウイレットを日本大君の親弟ソンアルテス公子民部大輔の守役に任したり恐惶敬白

ムスチヱー手記

九　民部大輔附輔導官の件小笠原壹岐守より松平伊豫守等への書翰　慶應三年十月十五日

民部大輔殿御師傳として佛國帝よりロイテナントコロ子ルウイレットと申もの被命候趣等別紙之通向山隼人正より申越候に付寫差進候間可然御申上有之候樣存候且又同人ゟ外國奉行迄差越候書狀幷內狀等是又御心得迄に寫差進申候以上

十月十五日

小笠原壹岐守

松平伊豫守樣

板倉伊賀守様

一〇 民部大輔各國巡歴及滯留經費に付向山隼人正より塚原但馬守等への書翰 慶應三年七月九日

丁卯七月九日

第十五號の内
以内狀致啓上候各位愈御清適拜賀之至然者民部大輔殿博覽會御使節之禮典被爲濟不日各國御巡歴可相成積に候所去三月便を以安藝守殿ゟ云々御申越之趣も有之候間其内には何れにも御左右相分り可申と存御延日相成居候得共四五月兩便とも今以到著不致追々時日も相後れ魯國等寒冱に向ひ候而は御難儀も不少儀に付本月中には英國ゟ御越夫より各國御巡歴と決定可致心得に御座候尤彌御治定相成候はゝ其節猶可申上候當地假御屋形之儀最前所々見分およひ可成丈御入費不差崇樣勘辨いたし候所家財附之分は一時御出高は少く相聞候得共五箇年も御留學被遊候儀に付年々さ

し積候得は詰り御不益之儀にて建物丈は御借受諸道具は新規御買上相成候方永久之御爲可然旨フロリヘラルトも申聞至極尤と存則當假御屋形之儀は家賃地租其外共都て壹箇年三萬フランクに有之公子御身柄にて御住居被爲遊候ても御體裁相立候程之建物故借受御引移相成候儀にて委細先便申進置候通に御座候且御備附諸御道具之儀も各國帝族太子等も御尋問申上候故御身柄に應し候丈は御取繕可有之儀にて粗末之御飾附にては御不體裁に付惣體新規之御備附に取計且御召仕可相成西洋人共仕著せ其外等可成丈御省略取計候得共御身分御相當之御取設は一通不被爲成候ては難相成に付自然御入費も相嵩已に御用意として御持越相成候五萬弗も全く遣切相成候間今般フロリヘラルド并クーレイ申談しオリインタルハンクより三萬弗爲替取計申候尤右之段は御勘定奉行江も申達候得共前書之大略上野介殿美作守殿江御話置可被下候國帝之特命を以て民部大輔殿江爲御附添コロ子ルウイレット本月二日より假御屋形江相詰日々御側江罷

出御學業初歩之御指南申上候人物至而質直に相見陸軍にゐも重立居候ものゝよしにて假御屋形御入用筋其他諸般之儀も相談可致様兼而國帝ゟも内命有之候趣をも申聞候間拙幷石見守相談之上御學業之上は勿論諸事御規則相立候様取計申候將同人御宛行等之儀はフロリヘラルトゟも兼而引合濟之上書簡を以申遣候右は申上候添さし進候間委細右にて御承知可被下候大坂表於て各國公使謁見も相濟候よし新聞紙中に相見歐洲一般之風説大慶不少候兵港大坂居留地も粗御治定相成地所規則書等之寫も新聞紙にゐ及承知候右等に付ゐは定而御用多之御事と遠察候右得御意度早々如斯御座候以上

七月九日

向山隼人正 花押

塚原但馬守様

柴田日向守様

江連加賀守様

石野筑前守様
川勝近江守様
平山圖書頭様
栗本安藝守様

一一　開市開港治定の書類受領等の件向山隼人正より朝比奈甲斐守等への書翰　慶應三年七月十日

丁卯七月十日
第十五號
五月九日御差立御連名之御用狀幷同日横濱表於て安藝守殿近江守殿ゟ御差立御用狀幷四箇國公使拜禮之手續書共昨九日相達致披見候先以御國地相替候儀無之旨恐喜之至に存候
一各國公使拜禮も首尾能相濟兩都兩港御開之儀も彌以御治定相成右書類一括落手巨細承知いたし候

一民部公子御太刀之儀未た落手不致候得共不日到著可致と存候
一大和殿海上無御滯御歸朝大慶に存候
右御報旁如斯御座候以上
七月十日　向山隼人正
朝比奈甲斐守様
柴田日向守様
江連加賀守様
石野筑前守様
川勝近江守様
小出大和守様
栗本安藝守様
猶々圖書頭殿參政並外國惣奉行被仰候旨承知いたし珍賀之至に存候民部大輔殿より歷山港佛國滯在之コンシユルゼ子ラールへ之書簡幷御謝

品二箇御達請取御さし越落手いたし候
此方よりさし出候御用狀上海より佛國到著迄都合五通御落手相成候旨
承知いたし候
別紙御用狀到著前認置候分其儘差進候間左樣御承知可被成候
往翰は五月九日返翰は九月十七日の條に載す

一二　民部大輔一行歡待に對し朝比奈甲斐守よりフロリヘラルへの謝狀　慶應三年七月十二日

丁卯七月十二日
佛國巴里於て
モツシウル
フロリヘラルトへ
貴國第四月十日附貴翰落手徳川民部大輔殿幷諸從士共第四月三日無滯馬

兒塞へ到著いたし候右に付貴君諸事御周旋有之候由委曲御申越之趣逐一了解いたし候且公子は勿論隨從之人々何れも不案內に候處貴君格別懇篤に御周旋有之候により百事都合能巴里へ御安著相成候趣等公子陪從之ものより申越候義も有之貴君我政府へ厚意表され候儀感謝不淺存其段事務執政へ建言致し且大君殿下へ言上およひ候公子巴里御滯在中も萬端貴君を煩し候義と被存候間可然御心添有之度將我大君殿下より貴君へ被賜候物品は御親族中之珍藏に被充候由滿悅之至存候外國奉行小出大和守我五月七日無滯橫濱港へ歸著せし間御休意有之度候ハウォートルマゼスチー貴國ヱンヘレウルより大君殿下へ被贈候貳拾五疋之馬は海上安全我國へ到著致し候是亦貴君之御周旋を煩し候儀と謝詞申述候右貴答如斯候謹言

慶應三年丁卯七月十二日

朝比奈甲斐守花押

來翰五月六日の條に載す復翰差越さす

慶應三年
正月廿六日

一三　佛人クーレーより閣老への謝狀

丁卯七月十四日

於上海千八百六十七年三月二日

井上河內守
稻葉美濃守
松平周防守
小笠原壹岐守
各閣下に呈す

慶應三年第一月九日附を以て余に充てられし書翰幷に右に差添たる盛美なる贈物とも併せて是を落手せり右書翰幷に其贈物は末永く余幷に家族之ものに取り家之寶器たるへし右書翰中余に對し愛敬信用せらるゝとのことは余におゐて實に感謝に堪へす余か爲せしことも多くは佛國ミニストル台下の好意に依れる處なるに余も亦斯く信用を受くる程に貴國之用務を周旋するの機會を得しは最も幸甚なりき佛國へ歸國之後も尙貴地在

留中之時の如くサマセステ大君政府には余を以て忠烈之臣とせられ何事にても下命せらるへし曾て余か約せし如く此上とも余か力の及ふ丈けは日夜勉勵を極め日本國之碑益を盛んにする樣周旋すへしとのことを今玆に再述することを貴國主君之聽聞に達せられんことを偏に願ふなり余か歸路支那へ無據二ケ月程留滯するを以て民部大輔プリンスアルテス隨從して佛國まて伴ふこと得さりしは余におゐても深く遺憾に思へり尤途中幷に巴里斯までの處右公子之尊位に對し諸事不都合なき樣能く注意して周旋いたす樣夫々可然處置せり且可成丈け航海中快暢に打過き給ふ樣諸事著意いたすへしと余より口上書面等にて先々まて郵便會社之役人等へ命を傳へ置きたり既に横濱より上海まて船中不都合なく待遇振もよろしとて公子には滿足に思ひ給ふとのことを直に余に話し給へり且アルフヱ船も途中至極穩恬にして船之駛行も常よりは殊に迅速なるを以て三日を經て則ち二月二十四日香港へ到著せしとのことを只今聞及へり向山君山

高君よりも定めし香港へ著之ことを申越せしなるへし且同人等長途之第二驛に達せられしを喜ひ居らるゝことを余思ふ余は民部大輔アルテスより二ケ月後れ佛國へ著すへし著之上はコンシユルゼネラルフロリヘラルトと申合せ公子の事に付ゐは兼て余へ申入られし事もあれは總て欠たることなき樣周旋致すへし謹言

台下之忠烈なる臣

ペ、シヱ、クーレー

往翰は正月九日の條に載す回答なるにより返翰に及はさりしものなり

一四　民部大輔各國巡歷等の件田邊太一より同僚への書翰　慶應三年七月十六日

丁卯七月十六日

以書狀致啓上候各樣益御壯榮被成御勤仕珍重奉存候此方

公子御初奉行衆御支配向共一同無事御休意可被下候陳は爲替金之儀にて
今便隼人正殿ゟ以御內狀云々御申被進候通兼て御約束御座候哉之何百萬
弗之コロムペテ一件も最初ゟ私共心得無之既に隼人正殿にも御承知無之
儀にて唯橫濱出帆之頃上野介殿より佛商クレーは御引合にて御旅中御用
意含別段御持越に不及何事もクレー商社中にて御引受申上且フロリヘラ
ルドも心得居候事に付當地相越候はゝ百事可相分間此地にて彼是心配に
不及段は私ゟ上野介殿より親しく御申聞近江守殿にも其段御申聞有之候
位之儀にて一同安心仕居候處御內狀面通之仕合實以當惑之至奉存候就て
は爲替金之儀此方にて取組候と江戶表にて取組候とは二三月之前後を爭
候迄にて利息之出入は聊之得失には無之間其邊之所篤と御勘辨有之急速
御所置御座候樣致度尤御用狀著都之節は何れにも皇曆九月中旬に可有之
夫より御手數御座候ても迚も當年中には六箇敷來春に至り手形當地著相
成候儀と存候間右見込を以差向御賄筋其外勘辨仕居候事に付右旬期相後

れ候ゟは申迄も無之許多之御不都合可相生候に付宜奉行衆江も被仰立可然御催促方奉願候薩州當地に許多之負債を致夜逃同樣引拂候より日本人之所業に餘計之疑念を生し候場合も不少埒もなき差響より我輩迄不都合を醸し候事可悪之至に奉存候兩都兩港御開市に付ゟは局中之御多事實以奉遠察候當地にふら〳〵仕居候事眞以無沒體次第に御座候
孫太郎殿身分之儀に付先達ゟ中申上置候右は如何相成候哉可成は歸國前一廉附候樣仕度御盡力奉願候
安藝守殿當地御越可相成との趣三月初旬佛國郵船便を以御同人より隼人正殿江御内狀飛來尤其節は御用狀も無之同局中ゟも何とも申越も無之間何事歟相分り不申間兎に角
公子御巡國之儀御見合相成居候所博覽會に付ゟは諸事務も相片付第一之御目的御留學之廉も有之候處因循時日を過候儀不可然と隼人正殿御初一同見込候間猶御用狀便にて事情明白相成次策御決定可相成積之所四月出

之御用狀は無之漸く五月出御用狀此程到著候得共御表狀中は勿論安藝守殿ゟ隼人正殿宛御內狀も御座候得共何れにも御越可相成と迄にて御用柄其外も相分り不申且北海岸御見分にも御越可被成趣も御狀中に相見居旁空敷御見合被成候筋にも有之間敷と斷然御決議相成候事に有之候突然と御巡國之儀御決著相成候樣にも遠隔之地にては御承知可被成又は御延緩を咎候說も可有之と心配仕候間事實之情況申上置候奉行衆御尋も御座候はゝ可然御申立被下候樣奉願候當地更に新聞も無之書外何も可申上儀無御坐候草々頓首

七月十六日　　　　　　　　太　一拜

御同僚樣

猶以時下折角御自愛被爲在候樣奉存候巴里も昨今は暑熱强候不馴之事故別而難儀奉存候大凡九拾度位に昇り申候

返翰九月十七日の條に載す〇此書九月十七日江戶著

一五 横濱刊行の新聞送付及和蘭留學生の件に付向山隼人正より塚原但馬守等への書翰 慶應三年七月十七日

丁卯七月十七日

第十六號

以書狀致啓上候然は民部大輔殿御事益御勇健被爲在御附添一同相替候儀無御坐本月廿二日英國ゟ被爲渡夫ゟ歐洲御條約濟各國之內御巡歷被爲遊候積に有之候間此段可然被仰上可被下候横濱表於て刊行相成候タイムスヘラルド幷日本語にて出來いたし候新聞紙共英佛飛脚船每に公子御旅館ゟ差送候樣板元ゟ托し方今便神奈川奉行衆ゟ申送候付而は右入用償方之儀は同奉行衆ゟ御掛合可然御取計有之候樣いたし度候荷蘭ゟ爲留學被差遣候緒方洪庵松本銈太郎同國人ポートイン一同本月八日當地到著いたし候旨にて御旅館ゟ届出民部大輔殿御逢有之本月十一日當地出立いたし相替候儀無之候

右之段可得御意如斯御座候以上

七月十七日　　　　向山隼人正花押

塚原但馬守様

柴田日向守様

江連加賀守様

石野筑前守様

川勝近江守様

栗本安藝守様

返翰九月十七日の條に載す〇今便隼人正より内狀を來せし段は本月十六日の條に揭る田邊太一の書狀に明了なれとも今散佚す

一六　民部大輔各國巡行其他數件田邊太一より同僚への書翰

慶應三年七月廿六日

丁卯七月廿六日

一翰拜啓仕候時下殘暑之候被爲揃益御淸適御勤仕被爲成候御儀遙頌此事に御座候此方民部公子益御機嫌克奉行衆初御支配向一同無異御安意可被下候扨今便御内狀を以委細御申進有之候通爲替金之儀に付意外之葛籐相生し御巡國も暫時延引仕居候へ共明後日中には英國之左右相分り可申候間夫次第英國より御巡行相始り候哉又は白耳義方に可相成哉御決定可相成儀に存候扨々御金融差支不申との事は横濱出立之節も上野殿碇と御受合も御座候事故極而安心罷在候處前條之次第もしも他之融通出來不申候節は失躰無此上御儀と荷蘭英國より消息無之間は一行一同失顏色候位之儀に御座候處先兩國にての融通出來安心仕候是上は右之爲替御拂方御差支無之御失信無之樣奉祈候而已に御座候右にても佛人之不親切なること御察知可被下候〇孫太郎殿身分之儀如何御座候哉同人も航海中ゟ少々つゝ勝れ不申出來不出來御座候處十五六日前ゟは彌眞之肺病と相成候よし醫師申聞一同心配仕居候事に御座候旁好消息を得候はゝ養生之一端にも

可相成哉と存候此事は宅のものに聞へ候ては案事可申候間一同書状中には認不申積に付其御心得に奉願候肺病之事故急々變症は有之間敷候へ共全快と申期は差當り見据無之趣當地醫師ヘルベ并荷醫ボウトインも申聞候○佛帝夫妻とも東國に相赴き同國帝と面談仕候多分墨是可帝之事に可有之昨日歸國被致候餘新聞も無之源水は濱碇の方に被爲壓白耳義に赴き同國都府にて興行候よしに御座候○荷公使銃射を受候よし十日前程の新聞に有之心配仕候如何以上

七月廿六日　　　　　太一

文吉様

榮助様

再申彌一殿樂太郎殿は坂城之方に猶御滯留と被存候兩都兩港一時之御開市諸賢御賢勞奉察入候以上

一七　經費調達とフロリヘラル并クーレー其他の件向

山隼人正より塚原但馬守等への書翰

慶應三年七月廿七日

丁卯七月廿七日

以內狀啓上いたし候各樣愈御堅固被成御勤仕珍重之至に存候然は民部大輔殿各國之內御巡歷之儀略先便以內狀申進候通之儀に有之候へ共御巡歷相成候國々御國おいて御條約爾來貴重之御方御尋問被遊候事は初而之大典御失體之儀等有之候而は御國之輕重も露れ候儀に而候間右御用意金餘分之見込を以て凡十萬ドルラル程爲替之儀フロリヘラルト幷クレーい申談候處右御入用金爲替方取計兼候旨申斷候間右は何故に候哉最初より御巡歷被遊候節は右御入用金爲替方申談次第可取計旨被申聞候間其心得を以て手筈いたし各國ミニストル等へも粗及引合候處今更俄に被及斷候而は公子御職掌も難相立不都合無此上儀に付何と歟勘辨之いたし方も可有之旨再々及掛合候へ共六百萬弗御約定全く瓦解之姿と相成融通必至と差支候間此上多數之金子爲替等は何分出來兼候儀に有之乍併英國い御越之

儀は難被捨置御場合も可有之候間御供人數等精々御省略にて暫時御越に候はゝ右御入用丈は相辨し將公子御留學之爲め御引殘之人數而已に候はゝ御賄方は如何樣にも御世話可致候へ共拙者始御留學に拘り不申ものは滯留無益之儀に付右は賄方いたし兼候間外各國御巡歷見合候は申迄も無之拙者始來八月飛脚船便にて歸國いたし可然抔意外無法之儀申懸け其上最初持越候五萬弗之儀凡一歲御賄之見積に候處纔か半歲にて無益之浮費に盡し尙三萬弗も諸拂に相掛候抔莫大之散失一體御旅館之儀も御備附御道具は勿論惣別超過之趣に申唱へ最前とは判然別人之議論之如く相成右之趣は江戶表御老中方へも可申立旨申聞候

此儀御旅館之儀家財附は永借御損失に付建物御借受家財は盡く御買上相成候方御益之旨フロリヘラルト申聞候次第は先便內狀にも申進通に有之御備附御道具之儀は不馴之事にて相分兼候間一切フロリヘラルト申談同人推擧によりシヘリオン手代モス子に申付此方士官爲立合御買

上取計候儀にゐ都ゐ品柄等はフロリヘラルトも承知之儀にゐ御座敷向より士官部屋々々迄一切日用之諸道具幷御手入御修復等總體にゐ凡貳拾五萬フランク其餘新規御雇相成候小使料理人門番押等都合拾六人其職々に應し御仕著せ幷禮典之節々相用候御者禮服等御身柄相當に不被爲遊候ゐは各國帝王貴族群會之場所々々にも被爲立並候事故禮式に外れ候も同樣に相當候間表立候分不得止之御入費自然相嵩み候姿にゐ右等都合貳拾六七萬フランク程御出高に相成其餘は日々御賄向御雇之もの給料等より凡一切之諸勘定遣拂相成御賄向とても凡そ尋常之品にゐ別段さし加へ候儀にも無之却ゐ御旅館向之御規模各國公使館等に見競候へは萬事御質素とは可申候へ共決して超過抔とは被申間敷處クレー等重立彼是申聞候謂れ無之間議論もいたし度候へ共何を申も大切之全權を被握候事故暴論とは存候へ共辨駁いたし候迚詮なき儀と勘辨いたし候右は全くクレー儀御國おいて御金融通之儀十分御引請申上候處右

六百萬弗御約定俄に相破れ候より融通必至と差支候故無餘儀右等之辭柄を押立御斷申上候事にも可有之哉と被考候

右は如何樣とも可被致候へ共各國御巡歷之儀は深御趣意も有之且已に各國帝王當地おいて集會之砌公子より新しく御話にも相成居今更御斷相成候も不都合之儀にて御交際御都合にも拘り候事に付何とか取計方は有之間敷哉之旨再三申談候へ共別に取計方無之早々決答およひ候樣申聞候に付篤と勘辨いたし候處最初より引宛候六百萬弗之御約定相破れ御融通必至とさし支候より兩人共無據爲替取計方之御斷申上候爲め品々辭柄を設け候上は夫切之事にて萬里の絕疆外に可引當御用意も無之間此後日々之御賄も前書之ものに被爲仰候も同樣之姿にて如何樣之談示如何樣之處置にても枉て隨從不致候ては不相成樣成行片時も御安居相成兼各國御巡歷をはしめ博覽會御用迚も西洋十日にいたり不申候ては全く御用濟と相成候譯には無之候へ共一行之進退彼等之見込に打任せ候より外無之日本公

子之御名にゐ遙々各國群集之都府に被爲渡拙者おいても全權御委任にゐ御國之御體裁不失樣との思召を以て被遣候處前條金子之御差支より各國ゝ之御義理も相欠け御外聞も惡しき而已ならす進退彼等に被制候も同樣と甚心痛いたし兎に角金子才覺先務之儀に付勘考いたし候處荷蘭ハンドルマートシツカペーは舊來爲替御用も相勤英國オリインタルバンクも是迄爲替仕來候に付兩所共傳習人を以爲替之儀爲及掛合候處英國オリインタルバンクは五千ポンドステルリンク蘭荷ハンドルマートシカツペーは五萬弗爲替可差出旨承允いたし候に付右金子を以て先便申進候通り最寄國々可成丈御省略にゐ御巡歷被爲遊候積に決著いたし候尤拙者共歸航入費も右之內を以て相辨し候心得に有之候間此段御含可然御老中方ゝも可被仰上置候樣致し度御勘定奉行衆ゝも一應御話置可被下扨々萬里外於て不容易御方御越之處御用意金引宛行違多少之困難を極め候前書爲替之儀に付ゐは火急御用辨相成候儀にゐ萬一御國おいて御渡方さし支候樣之儀

有之節は以後ニさし響公子之御都合にも拘り候間バンク幷マートシガッペーより申立次第早々御渡方相成候樣是又御勘定奉行ニ御談置被下度右之段可得御意如斯御座候以上

七月廿七日

向山隼人正印

塚原但馬守樣

柴田日向守樣

江連加賀守樣

石野筑前守樣

川勝近江守樣

栗本安藝守樣

尙々本文之次第に有之候間爲替御拂方は勿論先便も申進候通凡十萬ドルラル程爲替早々御取計當地ニ御廻し有之候樣いたし度左も無之候而は公子御安心之御場合にも至り兼候間精々御盡力有之候樣いたし度候

以上

一八　民部大輔各國巡歴留守中心得方に付調役の伺書　慶應三年七月

丁卯七月
(巻表)
御巡國御留守中心得方相伺候書付

日比野清作
生島孫太郎」

一御用狀差立方之儀は御用之程見計每月壹度宛江戶表へ差立可申候
一同斷御巡國先之儀は兼而御日割相伺置御用之模樣に寄差立可申尤急速之儀は傳信機を以て申上候積
但御巡行先宛所は逸々傳信機を以て御達相成候樣仕度候事
但本文之儀は其國々外國事務局へ宛申上候積
一博覽會御差出之御品賣捌き候代料受取次第其都度フロリヘラルトへ預

け置御歸國之節取立仕上勘定可仕積

一右同斷御品之内屆人無之分は當地御屋形付に取計候積

一博覽會閉局後跡調等相濟候共御歸著迄一同并七太郎芳男共御待受罷在候積

一同斷長崎方手代之儀は勝手次第歸國爲致候積

一同斷商人之儀は右同斷

一御借家料并役々御賄料其外とも都て差定候御入用之儀は私共御預金之内より仕拂臨時御入用之儀は御品代料并商人共拜借之内上納仕候分にて仕拂候積

一九　同上留守中心得書　慶應三年七月

丁卯七月

公子各國御巡歷御留守中心得方覺

一賄方諸御入用筋之儀は諸事日比野清作引受候儀に候哉　(一)

一コロチル御旅館内に家内一統引越候上は御賄被下候儀に候哉　(二)

一馬車はコロチルのみ御用之節相用家内共には御貸渡不相成候哉　(三)

一御國より御用狀來著之節は早速其御逗留之國々え差向候儀に候哉　(四)

一御附之者五名爲留學御留守相勤候儀に付ては公子御出立之翌日ゟ語學爲相始度尤も右御出立御日限迄敎師出來候得は無論左なく遲滯するに於は假りに外師匠御入用を以て相雇候て可然哉

一通詞所用之節は北村元四郞其都度呼上候て可然哉

一日本人外國人に對し不都合之儀出來候節はコロチルと申談し相當之處置可致置哉

一ガロソン等不埒之儀有之節は「アンタンダン」と申談御暇差出へく哉

一栗本公到着之節は「フロリヘラル」ゟ相談し旅宿相設置申へく哉

一若し又御國ゟ傳習生到著候得は「ホテル」用意致置へく哉

一御國ゟ之御用狀差出方は是迄之通にて可然哉

一公子御逗留之國々ゟ御用狀差向候手續は總て「フロリヘラルト」ゟ相賴候儀に候哉

一栗本公御著之節は外國方之者「スターシヨン」迄迎として一人差出方可然哉

一諸御道具類は員數書付に照し日比野清作へ御渡相成へく哉

一公子御居間并に御座敷向は總而〆切に致し置へく哉

七月

木村宗三

○

第一條は兼而清作ゟ申達置候事

第二條は家內之もの引移不申方に治定相成候間御賄等固より不被下置候事

第三條　同斷

第四條　當地に殘居候もの宅狀等も可有之間落手次第一旦披封直樣御巡行先ゟ被差立候樣可被致候尤御巡國之節は其都府々々御著次第傳信機を以て御著之ホテル等可相達間右ゟ宛可被差立候事

第五條六條　御附之もの不殘被召連候方に治定候間別段不沙汰候事

第七條　兼而元四郞ゟ申達置候尤御留守中は御旅館ゟ引移居候積に有之候事

第八條九條十條十一條十二條　見込之通可然候事

第十三條　四條手續之ことく可被心得候事

第十四條第十五條　見込之通可被取計尤淸作ゟも達置候事

第十六條　可爲見込之通候事

一「兼而淸作ゟ申達置候間可然御申談有之度候事

二「家內之分は御賄不被下事には候得共外に臺所取設候場所無之間魚肉

一之分は被下候事

三一先本文之通に可被心得候事

四一此地に相殘候もの宅狀等も可有之候間一旦開封之上被差立候樣可被致候事

德川民部大輔歐行一件　附佛國博覽會　卷九

一　英・蘭兩國より融通金并民部大輔巡國の件田邊太一より同僚への書翰

慶應三年八月三日

丁卯八月三日

一簡拜啓仕候時下益御清適奉遙頌候此地公子御始奉行衆御支配向一同無事小生亦犢健乍憚御放慮可被下候扨先便も申上置候通六百萬弗御融通金差支候而百事不都合而已に御座候處彼是心配仕漸英荷兩國にて金子御融通方も出來候へ共此以御國にて御拂方御差支御座候節は以後之談行屆兼申候萬里懸隔之地にて佛人は勿論何れにても御融通差支候樣相成候ては必至之困難　公子も被爲入候上は御躰裁も御座候事旁隼人正殿にも深く御心配被成候折柄五月下旬之御內狀到來委細は相伺不申候へ共御國地に

種々行違候事情有之候よし就而は御金之儀もクレーより申立將ロセスよりも申立候義も無之とは難申夫是にて自然御拂方に差響出來候節は實以一大事に付其邊之處御書中にも御盡し被成兼候間愛藏殿歸朝御申渡相成近便を以江戸表ヘ罷出候積に付着之節は委曲同人より御聞取此方困却之摸樣御諒察可然御助力奉願候孫太郎殿も先便申上候通久々病氣之處寒冷に向ひ候ては養生も難致醫師見込にては巴里は時候寒冱之地冬向には馬塞里ヘ差送養生爲致可然抔申聞候位既にホウトウインは歸國養生可爲致就中暖地に付日本部内にては長崎可然抔も申聞候位に付隼人正殿も深く御心配被成幸ひ御用名も御座候事故愛藏殿同樣歸國御申渡相成候同人は御存之通之氣性故病氣にて歸朝と申事はどこまでも不承知には候得共此方無御據事情より被差遣候譯柄ゆへ漸く納得仕候事には候得共矢張右等之談仕候內も息切いたし候位之事に候(栗本)安藝守殿今に御參着も無之いつまて御待申上候も餘り因循に可有之との事にて御巡國之儀も御議決には相成候へ

共金子御差支之上英國女王當時都城に不罷在抔其外にて追々延引先當月五日白耳義ゟ御越之手筈に相成居申候書外申上候儀も無御座此地事情は愛藏殿孫太郎殿六三郎等ゟ御承知被下度候早々頓首

八月三日　　　　　　　　　　　　　　太　一

文吉様

榮助様

彌一様

樂太郎様

尙以時光折角御自愛奉祈候以上

二　巡國留守中の諸事務依頼の件向山隼人正等より フロリヘラルへの書翰　慶應三年八月四日

丁卯八月四日

フロリヘラルトに

公子御巡國に付拙者共御附添出立致し候間留守中諸事務萬御委托申候間可然御取計被成度就中博覽會之儀は日比野清作引受取計候樣申達置候間左樣被心得御引合被成度就ては右品物代料金兼て御預申置候内同人ゟ申出候はゝ同人印形を以御渡被成候樣存候栗本安藝守もし參着候はゝ百事御周旋頼入候此以日比野清作ゟ御談申候儀も可有之候留學生徒參着期日は相分り不申候へ共是亦何れ相越候事と被存候間右頭取之者ゟ申出次第住家其外可然御相談御世話被成度尤學業關係之儀に付モッシューールウイレット御相談被成候樣いたし度候我等此地に在る間種々配慮を煩し厚意忘却不致候暫時旅行之後再此地に歸來せは不相替御懇親之樣頼入候乍末令閨君にも宜敷御申通被成度候拜具謹言

慶應三年丁卯八月四日

向山隼人正花押

山高石見守花押

丁卯八月五日

三　民部大輔一行瑞西へ出立の件向山隼人正より佛國外務大臣へ報告書　附瑞西大統領へ謁見手續書　慶應三年八月五日

佛國外國事務大臣
ヱキセランス
マルキームスチヱ

以書簡致啓上候然は我公子徳川民部大輔殿明六日當地出立瑞西ゟ御越夫より條約濟各國尋問被致候に付ゐは拙者幷山高石見守其他士官附從いたし候右御報告旁暫時離別之懷を申述度如斯候拜具謹言

慶應三年丁卯八月五日

向山隼人正花押

瑞西大統領謁見手續

八月七日伯爾尼御着ベルネルホフに御旅宿相成早速カンセリールシース罷出謁見之儀下懸合有之卽日明八日木曜日第十一字御招請可申上旨書簡差越す

千八百六十七年第九月四日ベルヌに於て

記名之者謹てソンアルテスアンペリアル徳川民部大輔に申すモッシュル瑞西合衆國の大統領明五日木曜日朝第十一字にファデラル宮に於て彼れを招待せんと欲す恐惶謹言

合衆國シャンセリール
スシース手記

翌八月八日朝第十一字カンセリール御迎として御旅館へ伺候公子御始一同禮服第一車には公子隼人正御迎之者第二車には石見守シーボルト文次郎第三車には俊太郎凌雲太一第四車には貞一郎篤太夫御附兩人平八郎端

藏但御附兩人は扣所まて車は大統領方より差越す大統領邸に御越玄關より右折して階を登る事一層階上に副統領ニゲレル御出迎直に右之方座敷へ御通り大統領直立致居一應御挨拶畢而直樣着御座但此方は隼人正石見守彼方は副統領及四政官迄其他一同直立公子御口上有之通辯文次郎勤之

今茲我兄大君殿下の名代として佛朗西博覽會に臨み今又新に新命を奉し貴國に來り恭しく大統領に面謁し懇親之意を述ることを得るは大君殿下の本志にして余においても最滿足する處也謹て大統領の壽及ひ貴國民の平安を幷せ祝す

右畢而種々御雜話有之退席之節同斷御旅館迄カンセリール御送り申上立歸る引續き甲比丹コワ伺候大統領之命を御接伴役相勤候旨申述る爾後第二字隼人正副統領以下五政官内壹人留守に付不及尋問之宅尋問名前如左

(原朱書)
原本脫姓名」

第五字公子大統領居宅へ私之御尋問有之留守に付御面會無之翌九日大統

領御旅宿へ御尋問申上御留守に付名刺差置立歸る八月十五日大統領より御招待に付公子及頃日謁見に罷出候者は本地ホテルデヨウロッパにて夜餐を饗し度旨申越同日夕六字より御出向之處各國在留公使も罷越終席迄御懇談夜九字御歸館八月十六日大統領其外へ為御土産御持越之品書記へ引渡す尤本國之舊制にて公贈之品物は總て私領せさる由なれは御國より本地政府へ相送り候旨にて差越す

御贈品目録

一吉野山蒔繪料紙硯箱　壹組

マセステー皇妃へ

一水晶玉　一雙

一蒔繪料紙箱　一

一同硯箱　一

ソンアルテスアンヘリアル皇子へ

一拵付太刀　一振

以上各通

四　瑞西に於て電信機購入の件に付外國奉行より上申書　慶應三年八月八日

丁卯八月八日
（卷表）
瑞西國新發明電線器御買上之儀に付申上候書付

外國總奉行並
外國奉行」

瑞西國商人新發明にて出來相成候テレガラフ之儀は御國於て御用方相成候はゝ格別御便利之品に付一具御買上之積を以注文致し置候趣佛國御用先向山隼人正ゟ申越候尤右機械用法等は民部大輔殿各國御巡行序同國に被爲入候節取扱方等傳習請隼人正歸府迄に出來持歸り候旨是又申越候依之此段申上候以上

卯七月

山口駿河守
朝比奈甲斐守

江連加賀守
石野筑前守
小出大和守
川勝近江守
石川河内守
糟屋筑後守

五　民部大輔一行和蘭へ出向の件ジュネーブ在留同國公使への通牒　慶應三年八月

丁卯八月

伯爾尼在留
荷蘭コンシュルゼネラール
姓名欠

我公子徳川民部大輔殿來八月十六日（九月十三日）當所出立貴國へ被相越候積に付其段貴政府へ御通報有之度存候尤向山隼人正儀は無據御用向出來巴里へ罷歸り不能陪從候依之別紙名面書改而御達し申候右可得御意如斯候拜具謹言

慶應三年丁卯八月

日本大君之小姓頭取兼公子傅役
山高石見守

六　白耳義國帝民部大輔を迎謁の件瑞西在留同國代理公使よりの書翰　慶應三年八月十一日

丁卯八月十一日

千八百六十七年第九月八日ベルヌに於て

ベルヌに在る大君殿下の全權向山隼人正閣下に

余兼而閣下と面談したる事あるに付早々ヲステンデに傳信機を以て本月十六日又は十七日後ソンアルテスアムペリアル徳川民部大輔及日本使節

我英明なる君主へ面會し得へきや否を問合せたり其傳信の返答に曰く本月二十二日より二十五日迄の間に國王ブリユツセルに在るへきを以て其間に英明なる大君の親弟及其附添たる日本使節一行の人々を接待すへしと申越したり余右の趣を謹て閣下へ申し且尊敬の意を表す

ヱミイルドボルスグラウ手記

返翰八月十四日の條に載す

七　民部大輔一行瑞西へ出立の件栗本安藝守より山口駿河守等への書翰　慶應三年八月十一日

丁卯八月十一日

以書狀致啓上候然は拙者儀今十一日マルセールヽ着帆いたし候處杉浦愛藏山内六三郎兩人當所ヽ出張民部大輔殿幷隼人正殿等去る六日佛國都府御出立瑞西ヽ御越相成拙者着候はヽ同所ヽ可相越旨被仰置候段前兩人よ

り申聞候に付伊右衛門愛藏六三郎は拙者召連今晩第十時發程之蒸氣車ゟ
乘組瑞西ゟ罷越外支配向之儀は御用物ゟ差添當所より直樣佛國都府ゟ罷
越候積に有之候右可得御意如此御座候以上

八月十一日　　　　　　　　　　　　　栗本安藝守印

山口駿河守樣
塚原但馬守樣
江連加賀守樣
石野筑前守樣
川勝近江守樣

尙以銘々宅狀等配達方被御申付可被下候

一別紙內狀壹封差進申候
一差懸候儀に付今便は佛公使ゟ書狀差出不申候間御序安着之段可然御通
可被下候

八　民部大輔巡國に關する諸件栗本安藝守より山口駿河守等への書翰　慶應三年八月十一日

丁卯八月十一日

以内狀致啓上候然は弟始本日當港着其前スエス港ゟ電機信報有之候趣に而杉浦愛藏山内錄（マヽ）三郎出張佛人ジユレイも偶然當地滯在にて旁都合宜敷御座候間此段は御放念可被成下候扨別紙隼人正殿ゟ御同役に之内狀披封之儘愛藏より受取候に付一見則御廻し申上候右にて公子及隼人正殿石見守殿各國巡回發軔等御承知可被成就而は弟儀本夜十一時滊車にて公子御出先スエッツルに向走行可申候尤同國御滯在にて弟到着を御待被下候趣に御座候扨其上は會議之上御一同斷然一旦御歸佛被遊候樣取計可申奉存候得共此度は佛國近傍五國ヲランダ、スユッツル、イスパニヤ、ベルギー、プロイス御巡回之積にて御出立相成候就ては御金繰之意味合も有之候趣に御座候得は篤と勘考評議之上中途御出戻り格別御不都合にも相成候事に候得は時日取縮め五國丈は被爲濟候樣相成可申哉唯今之處にては何分難決奉存候英蘭二商社御用立金其外御入用筋等之儀は第一儀と奉存候間追便巨細事情可申上候先は右之段申上度早々以上

八月十一日　　　　　　　　　　安藝守

駿河守樣　御始

尙々弟拜謁之上は公子必然御立戻りの運には可被爲成奉存候へとも萬一前文近傍五國丈は御巡廻之御決意に被成方御都合宜敷と相決候節は弟儀はスエッツルゟ御別れ申上佛國に戻り居御歸御待申上候樣可仕候何れにも拜謁の上ならては確定難仕候○弟儀四五日以前より輕痾相患少々裏急後重赤物相下り熱渇頗盛御座候へ共公子御始既に御巡廻之跡と承知仕實に愕然之餘奮發仕不覺小痾在體幸に御憫察可被下候以上

九　歷山帝遭難其他上申諸件に付外國奉行より向山隼人正等への書翰　慶應三年八月十一日

丁卯八月十一日

五月十四日附同月廿三日附御用狀七月十日到着致拜見候　民部大輔殿益御勇健被遊御滯留貴樣始御附添御一同御替無之趣致承知目出度御儀奉存候則其段壹岐守殿ゟ申上置候

一魯國帝幷太子孛國太子其地到着に付御尋問等有之趣且魯國帝調練一見之歸途狙擊之危難有之候趣新聞紙寫等相添云々御申越之趣致承知是又御同人ゟ申上候右に付佛國公使魯國岡士ゟ御書翰被遣候間右寫差進申候

一民部大輔殿假御屋形ゟ御移轉之趣右所書被遣云々御申越之趣致承知候

一御同人御用物廻し方之儀に付山高石見守より差越候達書幷品書共被遣御申越之趣致承知其段早速申上候處右品々御渡相成候に付此度郵船ゟ

托差進申候右品々直段書別紙書納戸より差越候間則差進申候
一瑞西人新發明之電線器御誂相成候趣傳寫之文字等御遣し御申越之趣致承知建白致し候然る處電線器之儀は亞國公使ゟ以書翰申立候儀も有之何れ之方廉價に可有之哉御心得迄に寫し差進申候
一生嶋孫太郎身分之儀に付御申越之趣致承知右は既に申上置候
一長崎表おいて英國水夫殺害に逢候一件書類一綴爲御心得差進申候
一佛公使去月十九日自國軍艦にて上坂いたし候に付駿河守殿同船被致着坂之處　上樣御下坂相成謁見被　仰付其後佛國軍艦ゟ　上樣御招待申上候に付　御成有之候尤委細之儀は未た不相分候間追て可申進候
一英國公使自國軍艦ゟ乘組北海岸爲見分六月原書闕日横濱出帆新潟佐渡能州七尾湊等ゟ上陸見分いたし内士官壹人通辯官サトウ支那人壹人能州ゟ陸路大坂表ゟ相越候尤附添は堅く相斷候趣にて御徒目付一人へ隱れに附添其餘加賀家より警衛等差出候而已にて無滯着坂いたし候英公

使長崎に海路相廻り候處其以前同國水夫殺害之儀有之右に付品々苦情申述是又上坂いたし候處御下坂中に付拜謁被　仰付候趣に候
一亞國公使自國軍艦にて北海岸爲一見廻浦いたし新潟幷能州七尾越前敦賀丹後宮津等見分いたし長崎を廻り既に歸府いたし候
一佛國公使は書記官バロンフランを名代として自國軍艦に乘組同樣北海岸爲一見出帆いたし候是は未た歸府不致候
右之段御報旁可得御意如斯御座候以上

八月十日

糟屋筑後守
石川河内守
川勝近江守
石野筑前守
江連加賀守
塚原但馬守

朝比奈甲斐守

向山隼人正様

栗本安藝守様

駿河守甲斐守但馬守大和守轉役之儀は御沙汰書にゐ御承知可被下候

來翰は五月十四日同廿三日復翰は十月十五日の條に載す○此書十月十日巴里著

一〇　電信架設に關する要領書を米國公使より幕府へ送附の件

附電信機に關する要領書(米國電信技師ゴワン記)　慶應二年十二月

第十四號

千八百六十七年第一月三十一日江戸に在る合衆國公使館に於て

江戸に在る日本御老中等々々閣下に呈す

昨此公子館にて外國奉行と會話する事あるに因り余謹ゐ熟練の傳信機家ドクトル官名メックゴワンと云者の記したる覺書を閣下の考案に供するため此書簡と共に閣下に呈す是れ閣下日本中に傳信機を弘め給はんとの目

論見あるに因てなり右傳信機を建設すへき事は大利益に比すれは費用甚た少なきを以て余之を建設せられんことを閣下に勸む而して余閣下の此告知を採用し給ひて速に之を施行するに決定し給ひたる事を知らんと要す恐惶敬白

日本在留合衆國ミニストルレシデント
アルビワンワルケンビユルグ

此書丙寅十二月廿八日出す

○

別紙

ドクトルゼヂマックゴワンより差出候日本に傳信機を作らんとする覺書

一傳信機を既に支那文字に之を用ひたり日本文字には之を用ひて猶都合よかるへし

二　秘密なる言語は數文字にて通するを得へし故に傳信機を取扱ふ者自身にて通したる便りの趣を知る事を得さるへし
三　外國にては英吉利廿五里則日本十里の線十五日間を歴さる内に十分に出來す故に日本にても別段餘分に時を費すの理なかるへし
四　合衆國又は英吉利にて傳信機を造る入用一里に付二百ドルラルより多からす但し二百ドルラルにて傳信機を取扱ふ者の家屋まて總而出來す
五　中等の才智ある若輩に傳信機の傳習を任し給はゝ容易に其術を學ひ六ケ月を歴さる内に巧なる傳信機取扱人となるへし
六　傳信機を造るには銅糸を張る爲めに地面上十八フートの高なる柱を入用とす其柱は貳百二十五フート宛之隔に之を設へし其柱の頂にインシユレートルと云へる陶器又は硝子の器をおき線の兩極に二通のバッテリーの添ふたる傳信機具を設くへし其價は一箇に付百五十ドルラル

より高直ならさるへし

七　ドクトルマックゴワン氏の器機は一ヶ月内に上海に着せんとす此器機は同人之補佐たる二人之者之を預り居り

八　マックゴワン氏及其補佐の兩人之者六ヶ月より短かゝらさる間日本政府にて用立たんとす六ヶ月を歴は日本政府にて入用次第日本の各部へ傳信線を送り且之を取扱ふを得へき巧なる傳信機掛りの者出來すへし故に太平の時なりとも戰爭の時なりとも外國人の助けなくして速に便りを通する事を得へし

九　日本政府の所有となるへき傳信線を江戸と横濱と二ヶ所の間に造る入用と並にマックゴワン及ひ其補佐たる兩人の者を雇ひ傳信機取扱に巧なる樣日本人を傳習せしむる入用と合して總計壹万五千ドルラルに過きさるへし　謹而認之

千八百六十七年第一月三十一日江戸に於て

一一　電信架設謝絶の件閣老より米國公使への書翰　慶應二年十二月

亞米利加合衆國ミニストルレシデント
ヱキセルレンシー
アルビワンワルケンボルグに

貴國第一月三十一日附十四號之書簡別紙とも落手せり我國内傳信機を設備するに於ては多少之利益に可相成旨にて縷々被申越候趣は逐一其意を了し其許厚意之段所謝候右は此程江連加賀守石野筑前守よりも申入置候通り自今其擧におよひかたけれは先今般之儀は斷及ひぬ尤爾後其企あるに於ては其許周旋を煩す事もこれあるへき間其節は可然其求に被爲應候様いたし度右回答如此候拜具謹言

井上河内守花押
稲葉美濃守花押

慶應二年丙寅十二月　日

松平周防守花押
小笠原壹岐守花押

一二　白耳義國帝迎謁の件向山隼人正より瑞西在留同國代理公使への返翰　慶應三年八月十四日

丁卯八月十四日

瑞西在留白耳義國王殿下之
シヤルセタフヘール
ヱミイルドホルシユクラーウヽ

貴國九月八日附書簡をセヽフより歸來之後落手せり我公子徳川民部大輔殿其マセスチー國王ヽ謁見之期會其政府ヽ問合られし所其電信の返報を得られし趣にて來る廿二日より廿五日までの間御接待可被下段被申越承知いたし候可成丈繰合せ廿二三日間に其都府ヽ被相越候様可致存候間其

段猶其政府ゟ御通報有之度候右貴報如斯候拜具謹言

慶應三年丁卯八月十四日

向山隼人正花押

來翰八月十一日の條に載す

一三　瑞西より歸著の件向山隼人正より佛國外務大臣への報告書　慶應三年八月十六日

エキセランス

マルキドムスチエゟ

以手紙致啓上候然者拙者儀我公子徳川民部大輔殿に陪從いたし瑞西迄相越候所本國より栗本安藝守新に我　大君殿下より之命令を奉し到着候に付卽同人一同瑞西表より引かへし再當府ゟ相越今日到着いたし候右可得御意如斯候謹言

丁卯八月十六日

慶應三年丁卯八月十六日

向山隼人正花押

一四　民部大輔瑞・蘭國巡行等の件栗本安藝守より外國奉行への書翰

慶應三年八月十八日

丁卯八月十八日

以書狀致啓上候然者拙者儀本月十一日マルセール到著之處杉浦愛藏山内六三郎同所ゟ出張罷在民部大輔殿瑞西御巡國中之次第向山隼人正殿傳言之趣も有之候に付同國之方ゟ相廻り民部大輔殿へも拜謁隼人正殿へ御用向大意打合之上民部殿には和蘭之方ゟ御巡行に相成隼人正殿同道支配向共昨十七日巴里ゟ著いたし候右之段御支配方へも可然被仰上可被下候右可得御意如是御座候以上

八月十八日

栗本安藝守印

山口駿河守樣

塚原但馬守様
朝比奈甲斐守様
柴田日向守様
江連加賀守様
石野筑前守様
小出大和守様
川勝近江守様

一五　民部大輔巡國の件等向山隼人正より外國奉行への書翰　慶應三年八月十九日

丁卯八月十九日
六月九日附御用狀落手披見いたし候第九號書中申進候廉々御細答之趣承知いたし候

一民部大輔殿御巡國之儀追々旬季も相後れ殊に先方差支等も有之無據近傍三四國御巡歷可相成積を以先瑞西國ゟ相始當月六日巴里御出立同七日同國バルゝ御一宿同八日ベルヌ府御到着翌九日大頭領御謁見夫ゟ同國處々御巡覽同十六日御出立荷蘭ゝ御越白耳義孛漏生ゝ御越一旦巴里ゝ御立戻之上別段英國ゝ御越可相成積を以夫々政府ゝ打合拙者も御陪從いたし候儀に候處安藝守殿到著之趣電信之便有之兼而急御用向申付歸　朝可爲致積にゟ船便相待居候に付不取敢愛藏六三郎馬塞里へ差遣し直樣瑞西都府之方ゝ被相越候樣申遣し同都府おいて面會之上御用之廉々致承知石見守とも相談いたし民部大輔殿には打合通御巡國石見守御附添拙者儀は安藝守殿一同支配向召連れ一と先巴里ゝ立歸此度被仰渡候事件等致處置候心得に有之候此段被仰上可被下候

一拙者儀不存寄別紙御奉書寫之通被仰付難有仕合奉存候

右之條々可得御意如此御座候以上

八月十九日

向山隼人正印

塚原但馬守様
朝比奈甲斐守様
江連加賀守様
石野筑前守様
川勝近江守様

往翰六月九日の條に載す

一六　向山隼人正巡國中若年寄格任命の件閣老より同人への達書　慶應三年五月廿一日

御達書寫

今度各國政府ㇸ談判筋相勤候に付外國シャルゼダフヘールル相當之任を以御用中若年寄格被　仰付勤候内七千俵之高に御足高被下候樣可被存其趣

候謹言

五月廿一日　小　壹岐守長行花押

板　伊賀守勝靜花押

向山隼人正殿

一七　和蘭國帝へ謁見手續書　慶應三年八月

荷蘭王謁見手續

民部大輔殿

山高石見守

保科俊太郎

御雇書記官兼通辯　シーボルト

澁澤篤太夫

扣席迄　加治權三郎

同　菊池平八郎

○八月廿日西洋九月十七日　本日國王謁見之儀兼而打合有之夕五字爲御迎禮車貳輛御旅館へ來る其一輛は金銀を以飾たる美麗なる四馬車にて二人の御者騎之其裝金銀糸を以て編たる丸き笠を戴き紅色に金繡せし短衣を著し黃羅紗に金繡ある袴を貫き外に兩人の御者同裝にて左右に添ふ車前には騎馬の案內者二人其裝殆御者に等し第二車は二馬也しはらくして御附添のコロネルフワンカツペルレン相越御程合申上第一車に公子石見守コロネル通辯官シーボルト第二車は保科俊太郎澁澤篤太夫菊池平八郎加治權三郎（公子御裝束紅御小袖黑御袍紫御指貫御沓御中啓石見守狩衣俊太郎布衣篤太夫素袍御雇兩人假布衣）第五字半御旅館御發軔王宮江御越正面玄關樣之所にて御下乘（歩兵隊列捧銃の禮を爲す）階段を御昇り廊下より扣所樣の席御通過一の廣間則國王謁見の席にて國王官服にて士官貳拾人餘左右に列立御謁見御口上如例にてシーボルト通辯國王御挨拶には遠隔之地御尋問御懇篤之段不堪拜謝殊更本國は舊來之御交誼猶幾久敷御懇親

之程最希望する處に候猶追々御懇話仕度旨答詞有之右畢ゐ御退座國王御先立階上迄御見送り夫ゟ太子の別宮に御尋問御應接（御同樣倚子にゐ御對話）相濟國王の親弟□別業御尋問之處不在之由に付御退散夕六字御歸館今日御贈物別紙之通御謁見濟御退散掛け御附添コロネルに引渡す

御贈品目録

サマチステー國王に
一梅竹蠟色蒔繪料紙硯箱　壹組

同妃に
一蓬萊蒔繪手箱　壹

是は御謁見之翌日王妃の宮へ御送り相成尤王妃當節英國に所用にゐ明廿一日出立之趣此度は謁見無之

ソンアルテスチランジユに
一畫帖

以上

外御附添コロネル其外にも被下物有之

翌廿一日太子ヲランジユ其弟アレキサンドル同道にて御旅館へ御尋問御

留守に付名刺差置相歸る

○八月廿六日　明廿七日御發軔之積に付御暇旁御懇親之御逢致度旨申越尤極御懇親之御接待故表席には御案內不申內席にて御談話仕度旨をも申越夕五字ゟ御出御陪從御謁見之節の通り御迎馬車等惣て御謁見之節の通にて王宮正門の玄關にて御下乘正面の席貳た間御通過國王の居間へ御越國王次の間迄御迎種々御懇談公子には御滯在中諸事懇篤の接待有しを御謝し且爾後兩國益御交誼不被爲替旨御演述國王よりも御滯在之御日合少く御饗應の隨意ならさるを謝し永世親睦希望の旨申上夕六字御歸館今日の御逢は全御懇親の意を表し國王平服に付公子にも御羽織小袴御著御供一同平服此夜御著之節御出迎申上し禮式掛幷御附添コロネル及本地留學之生徒等へ御同案の夜餐被下石見守俊太郎篤太夫シーボルト御相伴

一八　日本在留各國公使の動靜其他諸件外國奉行より

向山隼人正等への書翰

慶應三年八月廿四日

丁卯八月廿四日

以書狀致啓上候然者　民部大輔殿益御勇健御滯在被爲在貴樣始御附添
御一同御替無之御勤仕被成候御儀と奉遙賀候然者箱館在留魯國岡士此
程出府いたし美濃守殿御宅おいて御逢之節國書差出候に付寫差送申候
一立花出雲守殿當分之內外國御用向も兼取扱候間可得其意旨御書取昨日
御渡有之候
一和蘭公使此程富士登山いたし一昨廿二日無滯橫濱表ゟ立歸申候
一英國公使も富士登山之儀申立來廿八日發程之積りに有之候
一孛國公使來月中旬上坂之儀申立候に付但馬守筑後守近々上坂いたし候
積に有之候
一英國公使儀北海岸巡見濟之上長崎ゟ相廻り夫より上坂謁見いたし去る
十一日橫濱ゟ歸著翌十二日出府壹岐守殿ゟ御逢相願長崎にゐ水夫殺傷

之儀云々申立且つ河津伊豆守同所奉行被命近々出立之積に有之候委細
は御對話大意書差進申候間右にゐ御承知可被成候
一佛公使儀も去る十日歸港いたし候英佛公使上坂謁見等之次第は別紙に
認取差進申候
一支配調役上田友助同出役佐藤銓吉遊擊隊調役並出役吉田淸三郎別手組
出役定役田中鐵太郎銃隊同心長谷川善之助大代三之丞撒兵書物方出役
三浦鎌次郎田村勇藏大岡玄藏銃隊御雇被仰付古川孝太郎大河戸俊三郎
出役御免相成候
一步兵差圖役勤方久保田忠次郎支配調役被仰付候其他御沙汰書幷御書付
等は書拔差進候間右にゐ御承知可被成候
右之段可得御意如斯御座候以上

八月廿四日

糟屋筑後守

石川河內守

川勝近江守
石野筑前守
江連加賀守
塚原但馬守
朝比奈甲斐守
山口駿河守

向山隼人正樣
栗本安藝守樣

猶以先便其御用先ゟ御用狀差立方之儀に付御不都合之趣御申越有之候に付不取敢云々申進候得共猶篤と取調候所三月四月兩月は差立不申右は各國公使上坂に付同僚多分は上坂いたし御用向差湊取紛差立方不致尤其後は當月迄月々差立候間定而追々相届候儀と存候當地御用狀差立方左之通有之候

○二月四日　○二月九日　○五月九日　○五月廿二日　○六月廿五日　○七月八日　○當月十日

一宗門之儀に付佛公使江之御書簡寫差進申候

○

別紙

英公使上坂一條

一七月廿一日佛國公使上坂拜謁相願候に付廿三日　御下坂被遊伊賀守殿豐前守殿も御下坂被成圖書頭殿同廿二日御上京に付翌日御下坂有之候

一同廿四日第九時佛公使幷水師提督外士官貳人登　城御白書院江　出御御談判暫時にして畢公使第十時過退　營公使水師提督同國軍艦江　御成相願候に付同日第十二時京橋口ゟ　御乘船市岡新田にて佛軍艦より御迎として差出候ハツテーラ江　御乘移右軍艦江被爲　成　御乘移相濟候を相圖に軍艦帆桁に水夫並立中檣に葵御紋御旗引揚け貳拾壹發宛

三度操返しの祝炮打放當方おいては天保山炮臺同數の答炮有之軍艦調練幷戰爭の式　上覽御饗應申上右等相濟バツテーラヘ　御乘移相成候節再前同數の祝炮打放市岡新田にて御座船ヘ　御乘移日沒後　還御伊賀守殿豐前守殿圖書頭殿御供に有之候

一同廿五日第十時佛公使登　城御白書院於て長崎表浦上鄕耶蘇敎一條に付御談判有之純然の御國風畫飯御料理被下第一時過ゟ再御白書院ヘ出御にて御談判有之第五時過公使退營但御饗應の節此度は　出御は無之閣老參政方御對食駿河守大小監察御勘定奉行大坂町奉行壹人宛伴食

一英公使北海岸見分長崎表ヘ立寄同月廿五日上坂翌廿六日第十時公使幷船將其外通辯官士官等都合六人登　城御白書院ヘ　出御　御目見被仰付第十二時佛公使同樣の御饗應有之同日第四時御供揃京橋口ゟ　御乘船翌朝無御滯　御歸京被遊候尤伊賀守殿圖書頭殿は猶御滯坂英公使ヘは終日御談判有之長崎表おゐて英軍艦水夫兩人殺害に逢し一條は土州

藩士之由云々申立候に付在京之同藩重役幷目付在坂之留守居御呼出し
生玉中寺町御休息所於て右罪人探索方之儀伊賀守殿より御説諭有之英
公使阿土兩國ゟ相廻り候に付右留守居公使ゟ爲引合夜十二時伊賀守殿
御退散直に京橋口より御乘船御歸京圖書頭殿は土州ゟ御用被　仰付候
に付同夜第一時より坂地御出立兵庫港より御軍艦御乘組四國ゟ御越相
成戸川伊豆守設樂岩次郎御附添として相越候

一八月朔日兩公使退散兵庫表開港場一見然所佛公使前書敎法之儀に付參
政方之內ゟ御面會いたし度旨申立候に付伊賀守殿同四日御下坂翌日兵
庫表ゟ御出張御談判有之翌日御歸京公使は八日出帆横濱ゟ歸港致し候

一去る朔日圖書頭殿土州ゟ御出張相成候に付英公使は二日兵庫港出帆土
州ゟ相廻り前書英人を殺害及候者探索致し候得共手掛無之候に付公使
は歸府圖書頭殿は長崎表碇泊之土州軍艦乘組之者取糺之ため同所ゟ御
廻り相成候趣に有之候將駿河守は兵庫表より京師ゟ相廻り本月廿日歸

府いたし候

○

八月十二日小笠原壹岐守殿御宅おゐて壹岐守殿英公使パークスㇸ

御對話大意

別紙

一此度長崎奉行新規御人撰可相成趣之處御承知有之哉之旨申立候に付御心得之旨御答相成候處右奉行江戸表にて御人撰可相成趣に承知いたし居候旨申立候所京師表ゟ何共不申越候間定而彼地於て御人撰相成可申段御答相成候所長崎表護衛之者五百人可被差遣趣に候得共右はいつ頃出帆いたし候哉之旨申立候處來る十六日長鯨丸當地より出帆致し大坂表ㇸ相廻り兼而　大君御警衛之爲在勤いたし候者之内五百人右御船ㇸ爲乘組夫より長崎表ㇸ差遣候旨御申入相成候處左候はゝ新規被仰付候長崎奉行も右衛兵同船いたし候様致し度旨申立候に付京都表にて右奉

行既に御人撰相成居候はゝ被申立通取計旨被仰入候事

此書狀類十一月十日巴里着

一九　民部大輔白耳義訪問等の件山高石見守より向山隼人正等への書翰　慶應三年八月廿六日

丁卯八月廿六日

以書狀啓上いたし候然者民部大輔殿御事瑞西御出發以後御途中無滯其十八日荷蘭都府御著同廿日國王御謁見相濟其後御招待に付諸方御遊覽被成明廿七日當地出立白耳義御越之積御座候此段御安意可被下候

一瑞西御引分れ以後各位愈御健康巴里御滯在可被成隨ゐ拙者始御供一同無異御陪從罷在候此段御休意可被下候

一先達ゐ澁澤篤太夫御用に付巴里表ゐ罷越候節申進置候フワントローマートスカーペンより受取候爲替之儀同廿四日アムストルタム御越に付赤

松大三郎を以爲受取候所折節佛貨拂底に付巴里表爲替手形にて受取方いたし申候尤右勘定合之儀は別段相違も無之趣に御座候いつれ御用濟歸佛之上取調差上候樣篤太夫ゟも申渡置候此段御承知迄申進し候
一右爲替請取濟之儀本月下旬御出便之御用狀ニ御申越被成御國表爲替方御不都合無之樣御取計有之度存候
一先達而隼人正樣よりフワントロマースカーペンニ御遣し相成候爲替金請取之方返簡幷右仕譯書共差出候處右は御勘定合に係り候儀に付篤太夫ニ相渡置御用濟巴里歸著之節差進可申存候
一室賀伊豫守ニ御用狀壹封御出便之節差立方御取計可被下候
右之趣可得御意如斯御座候以上

卯八月廿六日　　山高石見守花押

向山隼人正樣
栗本安藝守樣

返翰本月晦日の條に載す

二〇　民部大輔一行白耳義著の件山高石見守より向山隼人正等への書翰　附白耳義國帝謁見手續書　慶應三年八月廿八日

丁卯八月廿八日
以書狀啓上いたし候然は民部大輔殿御事爾後愈御健康昨廿七日荷蘭國御出立途中無御滯夕六時白耳義都府御著被成候此段御安意可被下候
一國王謁見之儀今朝其筋之者罷越夫是申談候積昨夜御迎出候者聞候尤御著之節御取扱振は荷蘭同樣にて本地瀛車會所ゟ王車を以御迎申上候爾後之御設待振も萬御好都合可有之存候
一佛國博覽會掛ゟ隼人正樣ニ書狀壹封先達而當都府ニ相達候趣にて差出し候間早々差進申候御落手可被下候
右之趣可得御意如斯御座候以上

卯八月廿八日　山高石見守花押

向山隼人正樣

栗本安藝守樣

各位彌御清穆御座可被成隨而拙者始御陪從一同無異御供罷在候此段御休意可被下候

白耳義國王謁見手續

〇八月廿八日西洋九月廿五日　朝九字御滯在中御附添の甲比丹ニケーズ罷出本日第一字國王御面謁可仕旨申聞御贈品は其節御持參被下度旨申聞其他謁見の席御接待振夫是巨細申談し罷歸る夫ゟ御支度御供荷蘭之通り第一字御迎御馬車三輛其一輛は則國王之乘車にて四人の御者金繡の冠物を戴き緋羅紗に金の縫物ある表衣を著し白き袴を著せり第一車には御案内として御附添の甲比丹俊太郎凌雲篤太夫次は本車公子石見守禮式掛シー

ボルト第三車は御附井坂泉太郎三輪端藏なり御旅館より半町餘にて王宮の正門に至る門外に半大隊餘の兵卒一隊の樂手平面に列し兵卒は捧銃し樂手は奏樂す門內階下にて御下乘階を昇り御案內之者御先立にて御進み御雇兩人は扣席に罷在數間を過御謁見之席へ御越國王妃と共に官人六七輩女官兩三輩を引連兩三歩進み公子を拜す御默禮御口上有之御口上振如例國王御答禮申上妃幷官人共ニ御挨拶畢而最前の階を御下り門內にて御乘車二字半御歸館外國事務執政陸軍惣督共外高官之者御送迎御贈品は御退出之節扣席にて目錄を添甲比丹ニ引渡御歸館後外國事務執政官御尋問として相越候處御差支有之御逢無之石見守謁之第三字石見守俊太郎甲比丹案內にて外國事務執政其他高官之宅へ本日之爲挨拶公子御名札持參

御贈品目錄

サヤチステー國王に
一菊蒔繪茶簞笥　壹

同王妃に
一角寄蒔繪香箱　壹

一九谷燒三つ組井　壹

以上

右目錄は各通に認甲比丹へ相渡す

○九月九日　是日國王再謁御暇乞旁御親睦之御會話仕夜餐差上度旨申越夕六字御迎馬車差越石見守以下御供御雇兩人王宮玄關まて御送罷歸る内席なる國王の居間に御通り石見守シーボルト御陪從其餘は次の扣席に罷在御懇話有之國王より今日御相伴申上候官人を御引合夫より國王御同案に而夜餐被召上御供之者一同御相伴別席に而賀樂合奏有之夜八字終宴再ひ國王之居間へ御越カッペー酒等被召上暫時御閑話夜九字御歸館

二一　書翰受領其他近況等向山隼人正等より山高石見守への書翰　慶應三年八月晦日

丁卯八月晦日

去る廿六日附和蘭ハアへゟ御差立之御狀一昨廿八日相達致披見候然者民部大輔殿瑞西御出發以後御途中無御滯本月十八日荷蘭都府御著同廿日國王御謁見爾後諸方御遊覽等有之同廿七日御出立白耳義御越之積之旨致承知候

一去る廿二日夜澁澤篤太夫當地ゟ御差越之節和蘭用立金無滯御請取方有之儀等委細御傳言之趣承知致安心候共節同人持越候三萬フランク分之紙幣憷に致落手候

一右爲替請取方之儀御國表於て不都合無之樣御用狀便可中遣旨致承知候

一先達而隼人正ゟフリントロマートスカーペンゟ遣置候爲替金請取方之儀返書弁仕譯書共差出候所右は御勘定合に係り候儀に付篤太夫ゟ御渡置之旨是又致承知候

一室賀豫州ゟ之御一封差立方之儀致承知候

一一昨廿八日白耳義フリッセルゟ御差立之御狀昨廿九日相達披見民部大輔

殿爾後益御健康廿七日荷蘭御出立夕六時白耳義都府御著之旨致承知候

一爾後當地相替候儀無之去る廿四日藝州一同ムスチヱ江面會此度同人持越候御用筋之端緒を開き置候得共未書類等取揃ひ不申再席も無之下調中に有之且ナポレヲンも來月下旬ならては歸府不致趣いつれ歸都之上に無之候而は御用濟には相成申間敷哉に奉存候

一スシャテールル傳信機爲傳習田邊太一箕作貞一郎本月十九日差遣申候尤壹人にては難出來趣之處貞一郎之外相手に差支候所太一懇請に付差遣候儀に有之凡三周日程にて成業之積來月十日過迄相掛可申由申越候御心得迄に申進置候

一シーボルト江外國人ゟ之書簡壹封過日差越預り置候に付則差立申候御渡可被下候

一三藩士も瑞蘭白孛英等巡行無滯歸著之旨申出去る廿五日面會致し候

一博覽會掛ゟ隼人正江之一封其地江相達居候趣にて御差越致落手候

右は兩度之御報旁可得御意如斯御座候書餘は內狀にて申進候以上

八月晦日

栗本安藝守

向山隼人正

山高石見守樣

追日時令折角御保護專一奉存候當地支配向も一同相替候儀無之候以上

來翰本月廿六日返翰九月五日の條に載す〇此書翰九月朔日發せしなるへし故に返書に本月朔日云々と書せしならんか

徳川民部大輔歐行一件　附佛國博覽會　巻十

一　民部大輔巡國中各國接件員等贈品其他諸件山高石見守より向山隼人正等への書翰　附贈品書　慶應三年九月五日

丁卯九月五日

本月朔日御差出之御狀同二日當都府著致拜見候其御地無御替去廿四日御兩所御一同禮式掛ムスチイに御面會御用筋之端緒御開き猶其筋御取調中尤佛帝歸府も無之に付右歸府之上ならては御用相濟間敷哉之旨致承知候

一田邊太一箕作貞一郎電信傳習として御遣し之旨承知いたし候

一三藩士歸佛之旨致承知候シーボルトに之書狀早速同人に相達申候

右は御來狀御報に御座候

一民部大輔殿御事爾後益御健康去廿八日白耳義國王御謁見無御滯被爲濟其後諸方砲墩及銃砲製鐵諸器機所等無御閑日御歷覽被成候此段御安意可被下候

一當地御滯在御日合之儀も本月四日迄にて諸方御見物等相濟同五日御出立孛漏生國ゟ御越相成候積尤本地御著直に孛國在留之公使館ゟ罷越其筋談判およひ置候所漸昨今挨拶有之本月七日頃御著にて御都合宜候趣申聞右取極申候此段御承知迄申進候

一御巡國中夫是御世話申上候者ゟ爲御土產被下品之儀御出立之節取調御持越相成候分は總而漆器幷卷物類に候處追々諸方模樣柄承及候所右は多く婦人に屬し候類品にて武官之者抔ゟ被下候而は品柄不相應に付當人之珍重自然相薄く候哉之由因而右等ゟ之被下品は刀劔類之方重疊相喜可申趣に御座候就而は右御品取寄爾後被下物御用意に致度別紙取調書差進候間早々御廻し有之候樣いたし度存候

一右御差越手續之儀は早速御取調荷拵之上フロリヘラルトに御托し同人ゟ當地ミニストルに當て御旅宿に差出候樣手續御取計相成候はヽ無滯相達可申右は公使附屬之品物に無之而は國境之取紥等有之夫是日數遅引可仕被存候間御心得迄此段も申進候猶御勘考之上便宜御所置有之候樣いたし度存候

一民部大輔殿巴里御歸館之儀はいつれ本月十八日方に相成可申存候御含迄申進置候

右之趣早々得御意度如斯御座候以上

卯九月五日朝發　　山高石見守花押

向山隼人正樣

栗本安藝守樣

時下秋涼追々新寒相催候折角御調護專一に奉存候當方一同無異御陪從罷在候是御休神可被下候

本文御取寄品之儀差掛り申進夫是御手數御察申上候右はシーボルト其筋より承及候旨申聞候間別段取計申度申進候儀宜御配慮可被下候
封入之書狀御配達可被下候
返翰本月八日の條に載す此巴利歸著日子云々により追書は次に揭く

別紙

一刀　四本
内太刀作樣之分貳本取交可成丈美麗之品御撰可被下
但下緒附外入袋は不見苦樣御取繕之事

一脇差　五本
内壹本成丈花やかなる品御撰被下取繕前同斷
但刀脇差共元直段御認入之事

右荷拵は成丈綿密に詰物等いたし上箱丈夫に御取拵之事

二 民部大輔出發日時訂正の件山高石見守より向山隼人正等への書翰

慶應三年九月七日

丁卯九月七日

以書狀啓上いたし候然は民部大輔殿御事爾後無御滯當地御逗留被成候此段御安意可被下候

一一昨五日出書狀を以民部大輔殿當地御出發之日合申進候所右書中本月四日御用濟五日御出發と相認候哉に相心得候右は全く皇曆洋曆との心得違にて皇曆に候得は本月八日に相當申候此段宜御許容可被下候然所當國王より御出發迄猶御懇親上之御面話いたし度旨被申越尤國王は先達而御謁見濟より外出いたし居候所右に付態と都府ニ罷歸候趣其上昨今畋獵調兵等種々手厚なる御設待且又孛國儀は皇曆九月十四日頃ならては國王不在之旨一昨夜被申越旁以御日合延引いたし皇曆九月十一日當地御出發御途中御立寄場等有之同十三日は孛都御著之積取極申候此

段御承知可被下候

一御用之品御取寄之儀は最早御差立相成候哉又御手筈中に御座候哉可成丈御差急御差越有之樣いたし度存候尤前條日合書損に付夫是御手數之儀も可有之全當方心得違に候間宜御許容之上御取計可被下候

右之趣可得御意如斯御座候以上

卯九月七日　山高石見守花押

向山隼人正樣

栗本安藝守樣

三　贈品太刀送附手續等の件向山隼人正等より山高石見守への書翰　附刀類目錄　慶應三年九月八日

丁卯九月八日

去る五日從ブリツセル御差立之御狀一昨六日晝十二字到來披見いたし

候然は民部大輔殿益御健康去月廿八日白耳義國王御謁見其後所々御一見等被爲在候趣且去る五日同國御出立孛國ゟ御越之積御談判之所本月七日頃御著にて御都合宜趣申聞候に付右之積御取極之旨致承知候

一御巡國中御土產品之儀刀劔類之方可然に付別紙御注文之通太刀脇差可差廻且右差立方手續之儀御心附之趣委細被御申越是又致承知候

一民部大輔殿當地御歸館之儀本月十八日頃にも可相成御見込之旨承知いたし候

一前文御申越之趣を以刀脇差共長崎方ゟ博覽會ゟ差出有之候內相撰候所常體之刀拵之方は何れも粗物に付不殘太刀拵にて可成丈宜敷品見立相廻し申候且右差立方之儀フロリヘラルトゟ面談致候所右樣取計候よりは其地蒸氣車會所ゟ向け差立候方却而間違無之御都合宜敷旨同人申聞候間則箱上書爲致差立申候間右御心得にて蒸氣車會所御糺御請取被可成候幷別帳壹冊差進申候

一昨七日之御狀唯今到來拜見民部大輔殿其他御出發其外御日取之儀先便御申越之所皇暦洋暦との御取違之旨にて猶委細御申越之趣致承知候
一御巡國中都府御著之都度々々アトレス御旅宿所書御申越之積之所白耳義ゟは御申越無之差支候間孛國御著之上は早々傳信にて御通し有之度勿論橫文にて御申越有之候樣存候
右御報旁可得御意如斯御坐候以上
九月八日　栗本安藝守
向山隼人正
山高石見守樣
追日當地も昨今別而冷氣貴地も御同樣之由折角御保壽專一奉存候
一當月朔日夜江戸ゟ到來之御沙汰書寫差進申候尤其節之御用狀は安藝守承り物之內之一事にて外相替候儀も無之候
來翰本月五日同七日の條に載す

一太刀《八番》　壹振　代千四百三拾フランク
一同《拾壹番》　壹振　代千五百フランク
一同《拾貳番》　壹振　代千百拾五フランク
一同《百三拾番》　壹振　代千百五拾フランク
一脇差《五拾七番》　壹本　代六百七拾五フランク
一同《七拾貳番》　壹本　代九百七拾フランク
一脇差《九拾壹番》　壹本　代千五拾フランク
一同《九拾四番》　壹本　代七百六拾フランク
一同《百七拾壹番》　壹本　代千フランク

〆九千六百六拾フランク

右之通御旅館御用に付差出申候以上

卯九月

長崎方

外國方
　御掛衆中

四　瑞西電機製造所長へ電信機用法傳習の謝狀　慶應三年九月十二日

丁卯九月十二日

瑞西牛沙德電機製造所頭取
モッシユール　ヒップ江

以書簡申進候然は其製造所おいて創造之電信機一具我政府之用に備へ度買上け之上用法傳授之儀をも相賴既に去る洋曆九月之半ゟ兩人之士官差遣し其役に就習學爲及候所言語も十分に相通し兼候をも心永く敎授いたし被吳業前丈け大凡は會得候趣巴里江相歸委曲申聞候右等時日を費さす成業候事全く其許厚意之敎指により候儀と拙者おいて滿足之至に存候其

段我　大君殿下ニも建言可致存候就而は此品我國所産に任せ右厚意敎授之萬一に酬度我政府ゟ差贈候間受納被致度候謹言

慶應三年丁卯九月

日本大君殿下之全權

向山隼人正花押

再白買上け候器機其方ゟ直樣橫濱港ニ被積送候趣就而は右都合之爲別紙書簡壹封神奈川奉行迄申送置度卽差進候間器機詰方等出來被差送候節一同運上所ニ被差出候樣いたし度候以上

丁卯九月十二日

五　瑞西電信學校長へ同件に付謝狀

慶應三年九月十二日

瑞西牛沙德學授頭取

モッシユール

ヒユンベルトニ

我公子其地御越之節御陪從之折柄草々告別遺感不少存候爾來彌御壯健被成御起居候哉伺度候扨此程は我兩士官電信機習學之爲其地差遣置候內百事不案內之所厚く心添被呉深切に周旋被致候趣兩士官當府歸著之上委曲申聞貴所舊來之誼を不被忘御國人之爲心力を被盡候段不淺感謝いたし候右謝詞申述度如斯候謹言

慶應三年丁卯九月

向山隼人正　花押

六　樺太境界其他諸件向山隼人正等より外國奉行への書翰　慶應三年九月十三日

丁卯九月十三日

六月廿五日附御書狀本月朔日相達致披見候然は北蝦夷地經界規則書寫孛國ホンブラントとリントウ地所引合之書類御書付御沙汰書書拔とも被遣落手いたし候

一右經界規則書は各國ゟ御達可相成積に付御書翰案爲心得御廻之旨御端書に有之候處御取落と相見へ相廻り不申候
一日向守殿兵庫大坂開港爲御用六月廿六日御上京之旨承知いたし候
一民部大輔殿御巡國之儀先便申進候通八月十六日瑞西御出立爾後益御健康同十八日和蘭都府御到著廿日國王御謁見相濟其後御招請にゐ諸方御見物同廿七日同國御出立同日夕刻白耳義御著翌廿八日國王御謁見相濟候趣尤兩國共御接待振至極鄭重にゐ和蘭にゐは國王領内巡行之節之振合にいたし候趣太子次男幷王之叔父等迄各禮服にゐ御旅館ゟ罷出候儀に有之此度公子御越之儀同國にゐは御舊誼も有之別ゐ大悦之趣にて既に御出立御暇乞之節之御謁見には御禮服に無之格別御懇親之廉を以御平服にゐ拜顏仕度なと申出候程之儀に有之白耳義にゐも同樣丁寧にて御著之節蒸氣車會所ゟ國王之乘車を以御迎申上御謁見濟後も頻に御引留申上砲臺銃砲を始諸器械畋獵調兵等迄無殘處入御覽實に手厚なる御

取扱にて御都合宜敷旨山高石見守ゟ追々申越候各國御接待振之儀に付
而は御心配之儀も被爲在候儀に付右等之趣委敷御申上可被成候
一先便申進置且杉浦愛藏へも申含出府爲致候公子御巡國其外當地御入用
金差支和蘭ゟ借用金五萬弗之儀隼人正公子御附添同國ニ相越候節請取
候筈之處安藝守一同巴里へ引返し候に付右五萬弗は山高石見守請取同
人名前を以御國ニ爲替手形相渡置候間右御承知御渡方御差支無之樣御
取計可被成候
一安藝守承り之御用筋も來書類譯文等取扱不申專調中に有之尤御系統之
御國書はロセスより安藝守へ申越候趣も有之候に付過る十日同人持參
事務執政ムスチヘニ相渡申候且安藝守儀外國事務ミニストル同次官之
者等ニ面會御用向端緒相開き置幷フロリヘラルト、クーレイ、カションン其
外へも度々面會諸事談話致候儀に有之候
一新發明テレガラフ機械御買上取計先方ゟ直樣神奈川港へ爲相廻候積に

付右著次第神奈川奉行ゟ引渡方等懸合も可有之御受取方可然御取計有之度候尤右機械用法は太一貞一郎兩人習學爲致心得居候儀に付隼人正歸府之上仕附方其外兩人に爲取扱候積に付御受取之上は先其儘御預り置被成候樣致度存候右に付神奈川奉行江之一封差進候間御屆方御取計有之度候

一民部大輔殿御巡國之儀白耳義ゟ孛漏生へ御越之積に候處同國王當節留守中に付御見合昨十二日巴里斯江御歸館相成候尤不遠英國江御越之積に御座候

右可得御意如此御座候以上

九月十三日

栗本安藝守印

向山隼人正印

山口駿河守樣

塚原但馬守樣

朝比奈甲斐守様
柴田日向守様
江連加賀守様
石野筑前守様
川勝近江守様
小出大和守様
石川河內守様
菊池伊豫守様
糟屋筑後守様

追而レヲンロセスは兩人ゟ一封宛二封御達可被成候

一七月十一日御差立之御用狀昨夜到來致し候

來翰六月廿五日返翰十一月の條に載す○此書十一月十四日江戸著

七　民部大輔巡歴より巴里歸著の件向山隼人正より佛國外務大臣への報告書　慶應三年九月十四日

丁卯九月十四日

佛國外國事務大臣
ヱキセランス
マルキートムスチヱに

以書簡致啓上候然者我公子德川民部大輔殿瑞西荷蘭白耳義三國御歴訪之上昨十三日當所歸著被致候此段從拙者可得御意如斯候拜具謹言

慶應三年丁卯九月十四日　向山隼人正　花押

八　外交諸件外國奉行より向山隼人正等への書翰　慶應三年九月十七日

丁卯九月十七日

以書狀致啓上候七月九日同十日附第十五號隼人正殿ゟ之御書狀當月九

日英國飛脚便船にて到來披見いたし候先以民部大輔殿益御勇健被爲在將又御一行御一同御安全之旨珍重存候隨而御國地相變儀無之間御降心可被成候

一公子御巡歷幷假御屋形御備附諸御道具等之儀に付云々御申越承知いたし候其外御同公子御師傳之儀に付貴樣より外國事務公使マキドムスチヱに往復御書簡寫幷御申上共御差越即日進達いたし候

一公子御用金御遣拂相成候に付貴樣ゟ御談しにて英國都府オリインタルバンクより三萬ドルラル爲替にてフロリヘラルトに差送候に付第一月五日我十月十日迄に横濱表おゐて御拂被下度旨第十月十三日附を以會社之ものゟ爲取替狀相添小栗上野介に書簡差出申候間右三萬トルラルは前件日限迄に渡方可取計旨御勘定奉行に被仰渡候樣仕度旨申上候尤爲御心得右書簡譯文幷申上共寫差進申候

一英國公使ゟ同國船難破及ひ候節箱館奉行取扱方之儀に付謝詞申出候書

簡譯文幷右御返簡共寫差進申候
一去月廿六日魯國岡士出府之節同國にて傳信機取設候儀に付別紙之通申立候右差出候書面譯文幷加賀守引合大意書共寫差進申候
一孛國シャルセタヘールル伊太里公使共上坂之儀申立候所品々御不都合之儀も有之暫時見合候樣及引合延引相成居申候
一去月廿八日英佛孛伊公使魯岡士共一同芝增上寺　台德院樣　文章院樣　有章院樣　御靈前ぃ爲拜見相越　御宗廟拜見仕候所誠以壯觀を極め難有仕合奉存候旨申立候
一去る四日於長應寺丁抹本條約爲御取替同六日於橫濱表伊太里本條約爲御取替相濟申候
一去る五日英公使富嶽登山として當地出立いたし十五日歸府いたし候
一去月廿三日立花出雲守殿當分之內外國御用向も兼御取扱被成候旨御書取を以被仰渡候

一去る七日酒井對馬守外國奉行並被　仰付候
一去る九日伊豫守北海岸見分御用相濟歸府いたし候開港場所之儀は未た相決不申候
一兵庫御開に付而は横濱表ニヱンテルホツト御取建に付御雇相成居候英人シール兼而見込も有之趣申立候に付去月十六日長鯨丸御船にて同所出帆坂地へ被差遣後來之御損益等夫々申立候積に有之候
一兵庫表之儀は早々御普請取掛り候積一式受負落札金高左之通
金八千貳百兩　　海岸石垣築立
金九千兩　　波戸場築立
金六萬九千八百五拾兩　　地平均
右落札直段にて卽今御普請中に有之候
一江戸居留地之儀は築地元海軍所を初同所最寄町家取拂地平均等追々御普請取掛り居留外國人之ため元海軍所之場所はホテル取建候積旣此節

右普請荒々出來候運に相成候

右可得御意如斯御座候以上

九月十七日

梶清三郎

酒井對馬守

糟屋筑後守

菊池伊豫守

石川河内守

川勝近江守

石野筑前守

江連加賀守

朝比奈甲斐守

山口駿河守

向山隼人正様

栗本安藝守様

猶以昨十六日淸三郎儀外國奉行並被　仰付候に付致連名候以上
一塚原但馬守去月晦日上京いたし候
來翰七月九日同十日復翰十一月晦日の條に載す○此書十一月十日巴利着

九　徳川慶喜退隱の眞僞に付日本在留蘭國總領事よりの照會書　慶應三年九月十五日

第百八十七
三百四十六　大急

千八百六十七年第十月十二日江戸に於て

江戸外國事務執政閣下に呈す

横濱にて出版する日本タイムスと云へる英國の新聞紙中に　大君源慶喜公は尾張公の令息の爲に其職掌を讓らるゝの告知を載せてあり

此告知は種々の論説を起す基なるへけれは余其事の眞僞を速に余に知ら

せ給はんことを閣下に懇願す是れ余近日出帆の郵船に閣下よりの答書を
我政府に送らんと要すれはなり恐惶敬白

日本在留荷蘭ポリチーキアゲント
兼コンシユルゼネラール
ドデガラーフファンボルスブルーク

一〇 同上老中小笠原壹岐守よりの返翰 慶應三年九月十五日

丁卯九月

和蘭ポリチーキアゲント兼コンシユルセ子ラール
ヱキセルレンシー
ドデガラーフファンホルスフルークに

貴國第十月十二日附之貴簡落手横濱出版之新聞紙中我
大君殿下御讓位之趣書載有之由云々御申越被成領承いたし候右は全く無
根之妄說に有之候間其段御氷解有之候樣存候此段貴報如斯候拜具謹言

慶應三年丁卯九月十五日

小笠原壹岐守　花押

一一　民部大輔巡歷費等の件杉浦武三郎等より田邊太一等への書翰　慶應三年九月十七日

丁卯九月十七日

七月十六日附之御書狀今十七日到來致拜見候民部大輔殿御始奉行衆御支配向御一同御無異之段珍重奉存候然は六百萬弗之儀に付御不都合之次第等云々巨細御申越之趣承知いたし候右は於拙者共是迄及承候事柄に無之間卽時近江守殿江委細之譯柄相伺候所一體右一條は於御地御請取可相成手筈にいたし有之候所薩之間者等入込候ため自然手筈相違いたし候樣相成實以御不都合之御儀は申迄も無之今更外にいたし方無之に付近江守殿より上野介江御談話之上御差操出來候丈は速に爲替に仕組御差送之積り相決候旨近江守殿被申聞委細は御同人ゟ隼人正殿江御書通有之筈に付其

段御承知可被成候扱々右樣意外之儀出來萬々御不都合之儀奉深察候右御報可得御意如斯御坐候猶後鴻可申述候以上

九月十七日

西吉十郎

鵜飼彌一

齋藤榮助

松平太郎

杉浦武三郎

三田伊衞門樣

田邊太一樣

猶以追々寒氣に向ひ候折柄各國御巡歷等別而御苦勞折角風土之違御自愛被成御坐候樣奉祈候御宅にも御一同御無異に付御安意可被成候扱每々華墨被成下候所當方よりは意外之御無音何とも恐縮實は當春以來上坂其外種々之事にて何れも多忙に打過自然御疎遠に相成候次第不惡御

推察可被下候當節は差而相變儀も無之候得とも追々旅行御手當筋等は御減力相成既に昨日被仰出候御書付之趣にては御朱印人馬は不被下旅籠代之儀は高に應し夫々被下候得共其餘御扶持御手當等は更に不被下事に相成申候尤右御書付はいまた御目付ゟ達し以前に付次便に寫差上候積御坐候（御同様には旅籠料四人分人足三人馬貳疋之外被下物無之壹人分は永貳百文也人馬は都而相對拂にて代料被下候事）長州一條如何相成候事歟更に御所置振不相分候得とも道路之説には寛大之御趣意承伏不仕との事に御坐候此上如何可相成歟更に様子相分り不申候九州邊之儀は卽今何となく不穩風聞も有之既に肥後阿蘇ヶ嶺彦山等ニ籠り候ものも有之由に御座候兵庫御普請之義は兎角捗取方不宜よし何故之事歟實否は不相分候得共開港を妨け可申藩士も有之哉に及承申候生島之儀は先頃御内狀御申越に付直に建白に相成申候小田切鋼一郎は調ニ建白之處云々之譯柄有之並に被命候原市之進儀八月十四日京都旅宿に於て元遊擊隊之由申立候依田某陸軍奉行並組之由鈴木常太郎同人弟共

都合三人之ものに害せられ候由右趣意は開鎖之事に關係候儀之由唯今書狀封し方に取かゝり候萬差急き亂毫御判誦可被下候

來翰七月十六日の條に載す〇此書十一月十日巴利著

一二　横濱發行の外字新聞紙送付其他諸件外國奉行より向山隼人正等への書翰　慶應三年九月十七日

丁卯九月十七日

七月十七日附第十六號之御書狀本日到着致披見候民部大輔殿御事益御勇健被爲在御附添御一同御替無御坐珍重之御儀存候陳者七月廿二日民部大輔殿御初英國ゟ被爲渡夫ゟ歐洲御巡歷可被爲遊趣致承知候

一横濱表おいて刊行之タイムスヘラルド幷日本語新聞紙英佛飛脚船便之節差送方神奈川奉行ゟ御申越付而は右御入用同奉行ゟ掛合可取計旨致承知候

一荷蘭留學生緒方洪哉等御旅館ゟ罷出御逢有之候趣致承知候
一別紙橫濱新聞紙寫差進申候右は全く無根之妄說にて海外ゟ傳播いたし候而は人心動搖可致旨にて佛公使ゟ差出候に付爲御心得差進申候
一右同樣之儀に付和蘭公使ゟ之往復御書翰寫差進し候
右御報旁可得御意如斯御坐候以上

九月十七日

梶清三郎
酒井對馬守
糟屋筑後守
菊池伊豫守
石川河內守
川勝近江守
石野筑前守
江連加賀守

朝比奈甲斐守
山口駿河守

向山隼人正様
栗本安藝守様

猶以安藝守殿ゟ得御意候別紙御書付壹通今日壹岐守殿佐藤清五郎を以
御渡相成候間差進申候以上

一御條約濟國々之儀に付御書取寫壹通爲御心得差進申候
來翰七月十七日の條に載す〇此書十一月十日巴利着

一三　栗本安藝守へ佛國滯留の達書　慶應三年九月

（表卷）栗本安藝守ゟ」

栗本安藝守

佛國御用濟次第歸朝可致旨申渡置候得共追ゐ相達候迄は其儘滯留向山

隼人正申合諸御用向取扱候様可被致候

一四　民部大輔伊太利訪問の件に付巴里在留同國公使(カ)よりの書翰　慶應三年九月十九日

丁卯九月十九日

千八百六十七年第十月十五日巴里斯に於て

日本皇帝殿下の全權ミニストル向山隼人正閣下ゝ呈す

閣下よりソンアルテス日本公子以太利へ出立し給ふへき時日幷にフロランスに到着せんと(マヽ)時日とを余に知らしめ給ふたる貴簡を慥に落手したり余右の趣を早速傳信機にて國王政府へ申遣したるを以て國王大砲方士官壹人シユーズまてソンアルテスの出迎をなすへし恐惶敬白

ニ　グ　ラ手記

往翰佚す

一五　民部大輔滞留費節減の件向山隼人正等より外國奉行への書翰　慶應三年九月二十日

丁卯九月二十日

以書狀致啓上候然者

一壹岐守殿ゟ御請書壹封

右差進候御進達可被成候

一民部大輔殿御留學中御入減之儀に付申上候書付

　但一ヶ年御入用大凡積書添

右差進候尤右之儀に付ゐは隼人正山高石見守連名にゐ美作守殿圖書頭殿へ委細內狀を以申上候趣も有之候間右御心得にゐ圖書頭殿ゟ御上け可被成候

一民部大輔殿イタリ國爲御尋問今廿日夕八字當地御出立被遊候

右之段可得御意如此御座候以上

九月廿日

栗本安藝守印

向山隼人正印

山口駿河守様

塚原但馬守様

朝比奈甲斐守様

柴田日向守様

江連加賀守様

石野筑前守様

川勝近江守様

小出大和守様

石川河内守様

菊池伊豫守様

糟屋筑後守様

追而先便御用狀第十七號と記候は全書損にて十八號に相成候間今便十九號と記申候
一美作守殿圖書頭殿へ御連名宛之一封御上け可被下候
一室賀伊豫守へ山高石見守ゟ御用狀一封御達可被成其餘銘々ゟ之屆狀いつれも例之通御達し方御取計可被下候

返翰十一月十九日の條に載す○此書十一月十八日江戸着

一六　木村宗三留學生任命書案　慶應三年九月

（卷表）被仰渡案

山高石見守ヘ」

大御番格
大砲指圖役頭取勤方
木村宗三

民部大輔殿御附添は被成御免候間留學生徒之内ヘ入佛蘭西學修業可致

旨可被申渡尤留學生取締ニ可被談候事

一七　民部大輔滯留費額概算書

慶應三年九月

民部大輔殿御旅館御入費壹ヶ年凡積

一三萬フランク　御旅館借家料

一壹萬フランク　門戸及ガス遣水其外諸税並諸道具引受料共

一拾壹萬三千貳百フランク　諸御賄料　但上五人中拾一人下拾六人

此譯

三萬貳千四百フランク　上五人一日拾八フランク宛

五萬貳千フランク　中拾壹人一日拾三フランク宛

貳萬八千八百フランク　下拾六人一日五フランク宛

右之外來客等有之臨時御賄被下之分は書面凡積之内にて相減し置御賄相成候積

一五萬フランク　御手元御入用

御留學に付御買上相成候諸書籍諸器機其外休日御遊歩入費迄見込

一五千フランク　御留學中洋服御仕立料

一貳萬七千六百フランク　馬車貳輛借料御者給金共

一壹萬貳千フランク　御馬稽古料御附添之者被下之分共

一三萬フランク　御道具類破損修復及不足之分御買補相成候分

一三萬フランク　臨時御用意金

但無據被下物其外見込

一貳萬フランク　コロ子ル給金

一壹萬フランク　教師壹人給金

一六千フランク　助教壹人給金凡積

一貳萬五百フランク　コンマンタン始諸召仕之もの給金

〆三拾六萬四千三百フランク

外四萬フランク

合〆四拾萬四千三百フランク

右之外魯亞葡丁等御巡歷御入用は除之

○

同斷再應減方凡積

一三萬フランク

一七千フランク

一拾萬千七百フランク

此譯

貳萬四千五百フランク

五萬貳千フランク

貳萬五千貳百フランク

一壹萬フランク

御附添之者御手當類江戶表より相廻候迄御立替の積

御旅館借家料

諸稅道具引請共

諸御賄料

但上四人中拾二人下拾四人

上四人

一日壹人拾七フランク宛

中拾貳人

一日壹人拾貳フランク宛

下拾四人

一日壹人五フランク宛

油蠟燭幷夜具其外洗濯料

一三萬フランク
御手元御入用
但壹ケ月貳千五百フ宛

一壹萬五千フランク
御勤學中諸書籍諸器械御買上其外同斷に付御附添之者被下之分

一五千フランク
御留學中洋服御仕立料

一貳萬七千六百フランク
馬車貳輛御者給料共

一壹萬貳千フランク
御馬稽古料共外被下共

一壹萬貳千フランク
御道具類修復並御買補之分共

一六千フランク
小使之者御仕着せ代
但夏冬共

一貳萬フランク
コロネル給金

一壹萬フランク
教師

一六千フランク
助教壹人御雇増之分

一貳萬フランク
コンマンタン始諸御召仕給金

〆三拾貳萬三百フランク

外に臨時御備金三萬フランク

合〆三拾五萬三百フランク

一四萬フランク　御附添之者一同御手當類御立替渡之分

右之通凡積尚遣拂之節精々相減内譯帳を以仕上差出可申奉存候

卯九月

○

御旅館内

中等士官壹人諸賄方并諸稽古被下入用共凡積

一四千五百フランク　壹ケ年賄分但一日拾八フランク宛

一七百貳拾フランク　油蠟燭其外

一七百フランク　諸道具損料凡積

一千四百フランク　諸稽古被下入用

一千八百フランク　小使給料食料共

小以九千百貳拾フランク　但士官壹人に付小使四人分餘

此四人分〆三萬六千五百フランク
外
壹萬三千八百フランク　　馬車壹輛損料
九千六百フランク　　御手當類凡積
惣〆五萬九千九百フランク
右之通御座候以上
卯九月

一八　英國郵船にて歸朝の件田邊太一より齋藤榮助等への書翰　慶應三年九月二十日

丁卯九月廿日
一簡拜啓仕候益御清勝被成御勤仕珍重御儀奉存候此方　民部公子益御機嫌克隼人正殿安藝守殿其他一行無異御安意可被成候然者小生儀も歸朝被

申渡來る《脱アルカ》英國飛脚船にて出帆可致積就ゐは十一月下旬頃横濱着可仕奉存候右申上度如此候以上

九月廿日　田邊太一

齋藤榮助様

鵜飼彌一様

尙以時光折角御自愛御座候様仕度奉存候

徳川民部大輔欧行一件　附佛國博覧會　巻十一

一　英國公使館譯官サトー長崎より歸府其他諸件外國奉行より向山隼人正等への書翰　慶應三年九月廿四日

丁卯九月廿四日
以書狀致啓上候然者民部大輔殿益御勇健被爲在御附添御一同御替無御座珍重之御儀奉存候陳者兵庫奉行支配役に夫々被　仰付候に付別紙書拔差進申候
一去廿一日川勝備後守殿當分之内外國御用向取扱候樣被　仰付候
一英國サトー長崎表より歸港去る廿一日出府致候
一白耳義公使儀近日江戸引拂橫濱ゟ罷越船便次第歸國いたし候趣に有之候

一御書付幷殿中御沙汰書抜差進申候
此段可得御意如斯御座候以上
九月廿四日

梶清三郎
酒井對馬守
糟屋筑後守
菊池伊豫守
石川河内守
川勝近江守
石野筑前守
江連加賀守
朝比奈甲斐守
山口駿河守

向山隼人正様

栗本安藝守樣

猶以生島孫太郞儀に付而は申上候儀も有之多分は御採用可相成哉之所未た引續出役相濟居不申候に付右引續之儀別紙之通被仰渡候

一是迄御軍艦之內左之船々は以來御勘定所回漕掛にて引受回漕專にいたし御軍艦之儀は開陽をはしめ其他之船々何れも丸之字相省軍艦奉行之進退に有之候依之御試回漕會所之引札差進申候

長鯨丸　奇捷丸　太平丸　大江丸

黑龍丸　龍翔丸　神速丸　順動丸

一安藝守殿ゟ得御意候其表暫御滯在被　仰付候に付御手當願御取越米願とも別紙寫之通進達いたし候委細は右にて御承知可被成候尤御手當向相渡候はゝ御家來打合爲替にて差進し候歟又は御家來ゟ相渡し候樣取計可申候

一米國公使申上候同國サンフランシスコ居住ブルーク及御雇之儀書類差

出申候

二　民部大輔伊太利フロレンス着の件山高石見守より向山隼人正等への書翰　慶應三年九月廿四日

丁卯九月廿四日
以書状致啓上候然者民部大輔殿御事去廿日巴里御出發以後愈御健康即夜汽車無御滯翌廿一日第一時サンミシヱール御着尤汽車は同所より意太里國スーザ迄は馬車にて峽路を御越可相成之所山峽風寒旁夜中之行程御不都合に付同夜サンミシヱール御一泊翌廿二日朝六時馬車御乘組馬車は巴里迄のチミニブス同様也佛意太里國境の峽路御越山路峽峻にして山の中腹より上にて積雪多く御坐候夕四時半スーザ御着夫ゟ汽車御乘組夜七時過チユラン御着被成候尤スーザ迄意太里國使番之者御出迎として罷出御同車にてチユランは相越國王より被申越候趣にて同廿三日同所御休息相成候樣仕度旨申聞候に付廿三

日同所御滯在諸方御巡覽卽夜六時汽車御乘組翌廿四日卽今日第八時國都
フロレンス御着被遊候此段御安意可被下候
一御分袂以後各位彌御清穆御座可被成隨而拙者始御陪從一同無異御供罷
在候是又御休意可被下候
一去廿二日夜チユラン御着之節右御着刻限及御出立之儀共電信にて申進
置候定而相達御承知之儀と存候
一フロレンス御旅館名所書佛文にて別紙封入差進候間右にて御承知可被
下候
右之趣可得御意如斯御座候以上

九月廿四日　　山高石見守 花押

向山隼人正樣

栗本安藝守樣

返翰本月廿九日の條に載す

三　伊太利國帝謁見手續書　慶應三年九月

伊太利國王謁見手續

九月廿七日西暦十月廿四日　今日國王謁見之旨禮式掛之者申越尤國內騷擾之次第有之折柄に付不表立樣御逢仕度付而は御供も可成丈御減被下度旨申聞石見守幷通辯シーボルト而已御供御雇兩人扣席迄　朝十時爲御迎禮式掛幷御附添コロネル國王の馬車貳輛を備へ相越直に御出ピッチーと云王宮玄關にて御下乘御外堂第二タ間目にて官人貳拾人計御目見夫より第一禮式掛御案內にて國王之居間江御越石見守シーボルト陪從御謁見後御雜話有之　大君御寫眞幷公子御寫眞共被進畢て御退散第一等禮式掛御乘車迄御見送今日の御謁見御懇親上を以國王も平服なれは公子御羽織小袴石見守以下同斷御贈品は前日禮式掛江目錄添相渡

御贈品

一山水蒔繪文臺硯箱　壹組

以上

夕六字御附添コロネル禮式掛之者共罷越し今度日本　大君殿下の御厚志を以遠僻之地迄貴公子御訊問被下兩國の御親睦を厚ふするの段大幸之至付而は本國貴重之デコラーシヨン差上度旨申聞持參石見守俊太郎凌雲篤太夫シーボルトへも相贈る

十月朔日　昨夜十時汽車御乘組同國ミランへ御越右は本國太子同所在留に付御面謁且御見物之ため也本日朝十字御着

二日　昨夜太子ゟ使者差越明日御逢之儀は彼方より御旅館へ罷越御誘引申上本地の囿園にて畋獵いたし入御覽度旨申越候處今朝ゟ雨降狩獵難出來に付十一字半ゟ太子の居所へ御尋問御懇話有之御歸館後直に太子御旅館へ罷越

太子ゟ之御贈物但御持參にて被遣

一蒔繪色紙箱　壹

一實測日本圖　壹部

以上

右之外大君并公子御寫眞御贈り

一太子御寫眞貳枚爲御禮差越

四　佛人カションヨン幷に英人シーボルトの件向山隼人正より上申書　慶應三年九月

(卷表)
佛人メルメットカションヨン幷英人
シーボルト儀に付申上候書付

向山隼人正」

民部大輔殿御出立前佛公使申上候趣も有之御同人巴黎斯御着之上は博覽會周旋方諸事之談判筋通辯等佛國都府在留メルメット和春儀御國永々在留致深く事情も相心得且日本之者にも有之御都合相成候事故民部大輔殿

御附教師國事談判筋之通辯等相賴候樣可仕英國シーボルト儀は素より船中丈ケ御雇之筈に付一と先御雇御免申渡候樣可仕旨五月十九日井上河内守殿御勤役中被仰渡候御書付八月朔日佛國巴黎斯ニ相達奉得其意候然處民部大輔殿御留學之儀に付而は御國書を以佛帝へ御賴御手前樣方ゟ彼國執政ニ御書簡之趣も御座候に付當五月中山高石見守一同評議之上教師人撰等之儀は彼政府ニ爲相任候積外國事務執政ニ書簡差遣候處兼而御國書御書簡等も有之候儀旁佛帝執政官共格別に心配評議之上コロ子ル官名ウイレットと申者撰定致し公子保傅教育之任を授け候趣申越其後右之者御旅館ニ引移同人之薦擧を以ボッシヱルと申者語學御教授として御雇入相成御稽古御始右之者格別骨折御教授申上居候儀にて猶追々御學科之次第に寄教師人撰等之儀は專右コロ子ルニ委任致し候儀に御座候然る處前文被仰渡之趣も御座候に付得と勘辨仕候處右樣御國政府御趣意を以カションを御賴之儀强て申入候而はコロ子ル之意にも應し不申隨而佛帝始諸大臣之

氣配にも拘り可申哉横濱在留公使儀は當地於て右等之御模樣相成候儀承知不仕以前申上候儀にて全遠隔行違に相成候儀と推考心配仕候得共被仰渡之趣は早速外國事務執政ゟ申遣いつれにも公子御爲宜樣決定致呉候樣申遣候處于今右返書は差越不申候得共前文之次第に付敎師之儀は姑く彼方ゟ依賴致置候方却て御都合可宜哉に奉存候尤通辯之儀は是迄も多分はカシヨン相用居候儀には候得共猶被仰渡之廉を以向後共御國事等之通辯には同人相賴度段改て事務執政ゟ申遣候且又シーボルト御雇之儀に付ては栗本安藝守申談不都合無之樣可取計旨其後被仰渡も御座候に付同人へも得と申談候處唯今暫く差置委細は追て申上候樣仕度勿論右之儀は是迄も御國事等廉立候談判筋通辯爲致候儀は無之候右之段栗本安藝守山高石見守申談別紙佛國事務執政ゟ之書翰寫相添此段申上候以上

卯九月

五　佛人カションを通辯に採用の件向山隼人正より佛國外務大臣への書翰　慶應三年九月廿六日

佛國外國事務大臣

ヱキセランス

マルキームスチエに

以書翰致啓上候貴國人メルメットカション儀我國に久々在留いたし深く事情も相心得候者にて殊に横濱在留貴國公使申立之趣も有之候に付民部大輔殿敎師國事談判筋通辯等相頼候樣可致旨先達ゟ江戸執政ゟ申越候處敎師之儀は其以前マゼスチ國帝ゟ被附候コロチルウイレツトより貴君に相談もワシエールを頼置候儀にゟ其邊はコロチルウイレツトより貴君に相談も有之候趣に付右にゟ別段異存無之候國事通辯之儀は是迄もメルメツトカシヨンを相賴候儀には候得共猶我政府より申越せし趣を以向後共國事通辯には同人相賴候樣いたし度候間御存寄も無之候はゝ其段改ゟカシヨン

ゝ申渡置被下度存候右可得御意如是御座候拜具謹言
慶應三年丁卯九月廿六日　向山隼人正花押

六　向山隼人正等より山高石見守への書翰　慶應三年九月廿九日

丁卯九月廿九日
去る廿四日フロランスゟ御差立之御狀一昨廿七日朝相達致拜見候然者民部大輔殿益御健康去る廿四日伊太里國都御到着之旨致承知候其地羅瑪一件之紛端彌盛にて當國ゟも軍兵出勢致候なと傳承御不都合之御儀は無之哉と心配御案申上候所速に和平およひ候よしにて先降心致候乍去御模樣次第一日も早く御歸館御坐候樣奉存候儀に御座候當地爾後相替候儀無之公子ゝも可然被仰上可被下候
一貴樣ゝ川路太郎ゟ之一封差進候御落手可被成候
一和蘭國ゟ貴樣宛之一封去る廿六日到來用向之次第も難計に付披封致候

所先日御贈物之謝狀に有之則本紙差進申候御落手可被成候
一田邊太一石川岩司小使彥作彌今夕當地出立英郵船にて明後日マルセル
出帆之積に御座候
右之段可得御意如斯御座候以上

九月廿九日

栗本安藝守 花押
向山隼人正 花押

山高石見守樣

來翰本月廿四日返翰十月四日の條に載す

七　向山隼人正へ書翰送達の件外國奉行より神奈川奉行への達　慶應三年九月

丁卯九月
(卷表)神奈川奉行衆

外國奉行

別封壹通佛國御用先向山隼人正外壹人ゟ差遣候間今般入津之英國メール
ゟ屆方之儀御托し賃銀之儀其御役所にて一時御操替渡方御取計之上御申
越有之候樣いたし度此段及御達候

卯九月

御書面之趣致承知御差越之壹封英國飛脚船問屋ゟ相達候所運賃金貳兩
壹分三朱相渡吳候樣申立候に付操替相渡置候間早々御差越有之候樣存
候依之請取書相添此段御挨拶およひ候

卯十月　　神奈川奉行

御下札之趣致承知候英國飛脚船問屋ゟ操替御渡相成候運賃金貳兩壹分
三朱差進此段御挨拶およひ候

卯十一月　　外國奉行

別紙

パリスに送る書簡壹封の飛脚賃洋銀三元と錢三百文を落手せり

飛脚や主人

シンプリン

○

千八百六十七年十月廿九日

但九鏌三朱

○

別紙

覺

八月十一日

中船三艘

一金貳分壹朱

但壹艘に付金三朱宛

右之通御渡被下難有奉受取候以上

宮之河岸

十一月廿一日　　船會所

外國方

御役人中樣

八　伊國帝よりデコレイシヨン送附其他諸件山高石見守より向山隼人正等への書翰　慶應三年十月廿四日

丁卯十月廿四日

去る九月廿九日御認之御狀幷同夜御差立之御內狀共本月三日同四日朝前後相達致拜見候

一羅馬一件に付意太里國騷擾之儀一旦和平可相成之所和議相整兼猶再擧可相成哉就而は混雜中御滯在相成候は御掛念之儀に被御存候に付御用

濟之有無に不拘程合見計早々歸巴之方可然旨公子へも申上右取計候御申越之趣致承知候
一安藝守樣御用談に付フロリヘラルト御面會之節右之段同人ゟも厚意を以內話有之候趣御內狀之趣承知いたし候
一民部大輔殿爾後御健康去九月廿七日當國王謁見無御滯被爲濟尤時節柄御陪從は可成丈相減し候樣いたし度旨其筋より被申聞候に付拙者幷爲通辯シーボルト等被召連御取扱向も外國々之振合にて萬御好都合に御坐候尤太子儀は同國ミラン之申所在住之由御逢且同所御見物旁御越之儀國王より被申越去廿九日夜フロランス御出立十月朔朝同所御着同二日太子御逢相濟御招請に寄同地御遊覽被成二日夜同所御出立三日曉再ひフロランス御歸着被成候此段御安意可被下候
一去九月廿七日當國王謁見濟之後國王ゟ公子ぃ御懇親之意を表し候ため本國貴重之デコラアションン差上度旨にて御附添の禮式掛を以差越候に

付御收納被成候尤拙者始俊太郎凌雲篤太夫シーボルト等へも被相送候間是又申上各領受いたし候此段御承知迄申進候

一羅馬一件に付當國混雜之儀當地御着後種々巷説當政府にも頻りに評論有之御申越之通一旦和平可相成之所例のガルバルジー之奇計にて當國民鎮靜いたし兼遂に其徒之もの羅馬襲擊いたし候との趣右に付和議相整兼終には大事件にも可立至哉樣々風說有之候

一前段之儀に付當國御引拂之儀御用濟之上は早速御出發之積に候所去廿九日ミラン御出立之前少時當地在留之英國ミニストル其書記官を以御旅館ゟ差出し同國女帝より命令有之公子意太里國御越に付ゟは近傍にも有之候間同國所領之マルタ島御遊覽有之候樣致し度尤フロランス近港迄本國軍艦を以御迎可申上旨被申越因ゟミラン御用濟再當地御歸着之上相談可及旨相答置則昨三日當地御歸着之所早速英國ミニストル御旅館ゟ罷出別段之主趣委細申聞御迎之軍艦は明五日迄には無相違マル

タ島より罷越可申夫迄御休息相願度旨申聞候就而は當國混雜中とは乍申最早御用濟後暫時御滯在に差支も無之且英國儀は女帝より厚意にて被申越候次第旁以難默止其段公子ㇸ申上候所マルタ島御越之方可然旨被仰聞候に付御招待に應し御越之積治定いたし候尤右軍艦到着次第當地は御引拂之心得に御坐候此段御承知可被下候

右之趣可得御意如斯御座候以上

卯十月四日

山高石見守 花押

向山隼人正様

栗本安藝守様

追而先便御差越相成候荷蘭御遣し品謝狀拙者名宛之分落手いたし候右に付御申越之趣承知いたし候

田邊太一石川岩司小遣彥作相添去廿九日其御地出立之旨承知いたし候

各位彌御淸穆可有御座隨而拙生始御陪從之者一同無異御供罷在候是又

御降心可被下候
公子御淸寧御陪從一同無異御供罷在候儀コロ子ル始御旅館御留守之者
ゟ御達有之度存候
往翰は九月廿七日の條に載す同夜の往內狀は佚す

九　民部大輔伊國訪問及「マルタ」島立寄の件山高石見守より向山隼人正等への書翰　慶應三年十月八日

丁卯十月八日
卯十月八日從リボリヌ港發
以書狀啓上いたし候然者民部大輔殿御事愈御健康兼而御手筈相成候英國軍艦昨七日意太里國リボリヌ港到着いたし候旨フロランス在留英國ミニストル申立候に付七日夕四時フロランス御出立卽夜リボリヌ御一泊今八日軍艦御乘組マルタ島御越相成候此段御安意可被下候隨而拙者

始御陪従一同無異御供罷在候是又御降心可被下候
一マルタ島御越之儀先達而御用状にて申進候には本月五日頃軍艦到着之積に候所右到着遅引に付申進候時日より聊延引いたし候此段御承知可被下候
一マルタ御滞在之儀は兼而英國ミニストルへも申談置可成丈日数不相掛候積取計置候尤御用濟御歸路は佛國マルセイル港御上陸夫より汽車御乗組之積りに御座候此段御心得迄申進置候右可得御意如此御座候以上
十月八日　山高石見守 判
向山隼人正様
栗本安藝守様

一〇　向山隼人正等より外國奉行への書翰　慶應三年十月十五日

丁卯十月十五日

第二十一號
八月　日附無之　御書狀同月十二日附御書狀共去る十日栗本貞次郎持參致拜見候然者當地五月十四日同廿三日附六月十五日附書狀共御地へ相達申進候件々夫々御取計有之候趣承知いたし候
一於巴黎斯魯帝危難之儀に付同國岡士幷佛國公使へ御書翰寫
一民部大輔殿御用之品々御渡相成此度郵船にて御差越に付御納戸ゟ差越候直段書
一電信機之儀に付昨年中米公使差上候書簡寫
一於長崎英國水夫殺害一件書類一綴
一佛公使上坂拜謁被　仰付其後同國軍艦に御成幷英公使北海岸見分諸港上陸士官其外は能州ゟ陸路上坂公使も上坂拜謁被　仰付候旨
一米公使北海岸其外一見既に歸府且佛公使は書記官を名代として同樣諸港見分之旨

一英公使八月十一日大坂ゟ歸港翌十二日壹岐守殿江參上佛公使も同月十日歸港之旨

一當二月以來江戶御書狀御差立之日附寫

一御書付類寫幷七月五日ゟ八月三日迄御沙汰書

右落手承知いたし候

一留學生栗本貞次郎始一同無滯去る十日夜巴里斯到着いたし候

一會津藩横山主稅海老名郡次來る十七日西洋十一月十二日マルセール出帆之英郵船に而歸朝之旨申聞去る十一日巴里出立壹岐守殿御家來尾崎俊藏儀も同船歸朝之旨に而昨十四日夕出立いたし候

一博覽會之儀も去る八日西洋十一月三日迄に而相仕舞翌日閉場相成當節專跡取片付中に有之候

右可得御意如此御座候以上

十月十五日　　栗本安藝守　印

向山隼人正　印

山口駿河守様
朝比奈甲斐守様
塚原但馬守様
江連加賀守様
石野筑前守様
川勝近江守様
石川河内守様
菊池伊豫守様
糟屋筑後守様

往翰は八月十日同十二日の條に載す〇此書十二月十七日江戸着

一一　歸朝命令書送附の件外國奉行より向山隼人正へ

の書翰　附向山隼人正歸朝命令　慶應三年十月十六日

丁卯十月十六日

以書狀致啓上候然は別紙御書付一昨十四日於壹岐守殿御宅御同人駿河守
に御直渡に付差進申候此段可得御意如此御座候以上

梶清三郎
酒井對馬守
糟屋筑後守
菊池丹後守
石川河内守
川勝近江守
江連加賀守
塚原但馬守
朝比奈甲斐守

山口駿河守

向山隼人正様

猶以但馬守儀昨十五日京都表御用相濟致歸府候

○

別紙

丁卯十月

向山隼人正〱

佛蘭西博覽會御用相濟候に付ゐは支配向召連一と先歸朝可被致候尤栗本安藝守〱滯留之儀申渡置候得共若出帆後にも候はゝ山高石見守〱諸事申談置歸朝候樣可被致候

一二　功牌の件外國奉行より向山隼人正等への書翰　慶應三年十月十七日

丁卯十月十七日

以書狀致啓上候然は先達其御地ゟ御申上相成候功牌雛形今便差進可申處
京都表ゟ御伺不相成候半ゐは極り兼候に付次便に差進可申候右可得御意
如此御座候以上

十月十七日

梶　清三郞
酒井對馬守
糟屋筑後守
菊池丹後守
石川河內守
川勝近江守
江連加賀守
塚原但馬守
朝比奈甲斐守
山口駿河守

向山隼人正樣
栗本安藝守樣

猶以昨十六日愛藏孫太郎六三郎横濱表迄歸帆いたし明朝出營致し候筈に候且田中芳男儀も同樣罷歸候以上

一三　栗本安藝守佛國へ到着の件外國掛上申書　慶應三年十月十八日

丁卯十月十八日
（巻表）栗本安藝守儀佛蘭西國ゟ着仕候儀
申上候書付
御屆

外國總奉行並
外國奉行」

佛蘭西國ゟ爲御用罷越候栗本安藝守儀召連候支配向一同八月十七日同

國巴里斯府ゝ到着仕候趣申越候依之此段申上候以上

卯十月

山口駿河守

朝比奈甲斐守

塚原但馬守

江連加賀守

川勝近江守

石川河内守

菊池丹後守

糟屋筑後守

酒井對馬守

梶清三郎

一四 新聞紙代の件神奈川奉行より外國奉行への照會

書 慶應三年十月廿二日

丁卯十月廿二日

(卷表)
外國奉行衆 神奈川奉行」

此程及御往復候佛國巴里斯表民部大輔殿御入用之新聞紙代之儀右渡世之もの共ゟ申立候には月々請取候而は不都合に付可相成は壹ヶ年分請取置候樣いたし度右は本月十月西洋分ゟ相廻し候に付同月分ゟ來る十一月十二月西洋分迄相渡可呉旨申立何れ之道可下げ渡所にも有之不都合之申立にも不相聞候間承り届可申と存候右に付差向昨今ヘラルド儀差廻申立居候間此度同人ゟ洋銀八弗可下け渡積就而はタイムゟも同樣可下け渡然る所別紙勘定書之通りにて跡下け渡方差支候間急速御差越有之候樣致し度差向候儀に付早々御挨拶有之候樣存候此段御掛合およひ候

卯十月

御書面佛國御在留民部大輔殿ゟ御差廻し相成候新聞紙代之儀右渡世之者共には壹ヶ年分請取置度との趣には候得共御同人御在留之程唯今ゟ見据兼候間壹ヶ年分代金先渡し取計候儀は難出來以來は何れも月々新聞紙と引替御渡し相成候樣猶彼方へ御引合有之候樣いたし度就而は唯今御渡可相成不足金凡壹兩壹分餘幷西洋一月分ゟ三ヶ月分見込凡金拾壹兩餘共二タ口合金拾三兩差進置候樣いたし度依之御差越之勘定書留置金拾三兩相添此段及御挨拶候

卯十月

外國奉行

○

別紙

一金拾兩

民部大輔殿御入用新聞紙凡積兼而御差越有之候分

内

洋銀八弗　西洋十月十一月十二月分ヘラルト江下渡候分

此凡金六両貳分餘

殘金凡三両壹分餘

右之通相成候外

洋銀五弗四拾四セント　タイム江可下渡分

金壹朱　ベリー可下渡分

右之通相成候間早々御差越可被成候事

○

別紙

千八百六十七年十一月十二日

十月十一月十二月分

新聞紙代　六ドル

佛蘭西マルセイルを經て送る

狀賃　貳ドル

〆八ドル　ジヤツパンヘラルド

○

別紙

千八百六十七年第十一月十三日

巴里斯に送るへき新聞紙二ケ月半分代

洋銀五元

飛脚賃四拾四セント　ジヤツパンタイムス

ブラツクモール

御役所

○

別紙

覺

一金拾五兩　但金札

右は横濱新聞紙代金書面之通被成御引渡請取申候以上

卯十一月

神奈川方

外國方

一五　民部大輔留學中事務取扱者の件川勝近江守より上申書　慶應三年十月廿七日

卯十月廿七日

(卷表)
民部大輔殿佛國御留學中幷同國江之御用當地

於て爲取扱候支配向之儀に付申上候書付

川勝近江守

支配組頭
鵜飼彌一

同調役
杉浦愛藏

同調役並
生島孫太郎

同定役元〆助
濱中義右衛門

同書物御用出役
廣澤晋一郎

小野百助

關口貞一郎

右は民部大輔殿佛國御留學中幷同國江之御用當地おいて取扱申渡候依之

此段申上候以上

卯十月

德川民部大輔歐行一件　附佛國博覽會　卷十二

一　民部大輔滯留費等の件外國奉行より栗本安藝守等への書翰　慶應三年十月晦日

丁卯十月晦日
第十二號
以書狀啓上いたし候先以民部大輔殿益御勇健被成御座貴樣方御堅固被成御勤仕珍重之至に存候然は本月十七日夜杉浦愛藏外兩人歸府いたし申立之趣巨細承知いたし御不都合之次第申上候處さし向御國商人六左衞門卯三郎ゟ御貸渡相成居候金壹萬五千兩同人共品物賣捌代金を以御取上御入用御遣拂相成候旨にㄟ御勘定所より前兩人ゟ之申渡書差越尤同人共歸朝に相成候はゝ別紙之通横濱在留英國オリインタルハンクゟ小栗上野介ゟ申遣候處承知之旨返書幷證書共參候間原書幷譯文共差上

申候間右を以て御入用御仕拂相成候様いたし六左衛門卯三郎ゟ御取上方間に合候はゝ英國之分御請取不相成様いたし度旨前同人申聞候間左様御承知有之度將フロリヘラルトより兼而御請取相成候三萬弗幷英國オリインタルハンクより立替相成候五千ポンドは既に横濱ニ申來夫々拂方相屆申候荷蘭之分先頃同國公使より爲替之儀民部大輔殿ゟ御頼之處右は政府おいて引受候哉之旨兩度程申立有之候處彼地外國奉行より何共不申越候へは無論政府にゐ引受取扱候旨申遣置候處幸ひ爲替證書も未たさし越不申今般愛藏外歸朝にゐ委細承知いたし候間證書さし越次第早々可償戻旨御書簡を以速に被仰遣候

一今般京師於て被仰出候大事件別紙之通に有之候間右之段民部大輔殿ニ御申上可被成候其表は勿論英國幷荷蘭留學生へも其段御通達有之度候別紙一封近江守ゟフロリヘラルトニ右之段申遣候書簡横文傳習生に爲御調御達し有之候様いたし將一體之始末は別紙御演達之趣を以て御口

達有之候樣致し度候

一民部大輔殿御召類其他先々便さし立殘之分本月中旬出佛國飛脚船便を以差立候間最早御入手被成候儀と存候

一石見守殿其他御手當向之儀は取調中に付次便申進候樣可取計候

右之段可得御意如此御座候以上

十月廿九日

梶清三郎

酒井對馬守

糟屋筑後守

平岡和泉守

菊池丹後守

石川河内守

川勝近江守

江連加賀守

朝比奈甲斐守
山口駿河守

栗本安藝守樣
山高石見守樣

尙々御沙汰書御書付類御演述之覺書簡譯文等さし進候
杉浦武三郎儀一昨廿七日外國奉行並町奉行並兼帶被　仰付候
今廿九日塚原但馬守御例格外國總奉行平岡和泉守外國奉行被　仰付候

二　佛國博覽會出品商人へ貸與金返納の件勘定所の達書　慶應三年十月

丁卯十月

佛國博覽會ニは諸品差廻し方に付拜借被仰付候金壹萬五千兩品物賣捌次第返納之積相心得其都府おゐて山高石見守ニは可差出候

慶應三卯年十月

御勘定所[印]

六左衛門
卯
三郎方

三　民部大輔滯留費の件外國奉行よりの上申書

慶應三年九月

（表卷）
民部大輔殿御用金之儀に付申上候書付

外國惣奉行並

外國奉行」

佛國御在留民部大輔殿御用金御遣切相成候に付金子早々御差越有之度旨横濱在留英國爲替會社より小栗上野介ゝ書簡を以申越且向山隼人正よりも傳信機を以上野介ゝ同樣之儀申越候旨同人申聞候趣に有之依之勘辨仕候處御在留中御失費多之儀は勿論之儀に御坐候間御勘定奉行ゝ御沙汰有之右爲替會社ゝ御賴本月之佛國飛脚船ゝ御托し御用金御廻し相成候はゝ可然哉奉存候尤最早博覽會御用は被爲濟候に付是ゟは御留學御入用金之

儀に付壹人に付凡壹箇年何程と申金高相定申越候樣隼人正ゟ可申遣奉存候得共差掛り御差支之儀故夫迄之御入用丈凡見積り御差廻し相成候方と奉存候依之上野介ゟ差越候書簡譯文壹通傳信機告文和解見合之爲相添此段申上候以上

卯九月

山口駿河守
朝比奈甲斐守
塚原但馬守
江連加賀守
石野筑前守
川勝近江守
石川河内守
糟屋筑後守

四　爲替取組の件向山隼人正より小栗上野介への要求電報　慶應三年七月十八日

千八百六十七年第八月廿七日晝前八時二十分サンフランシスコにて受取れり

御勘定奉行

小栗上野介

クーレーより金あらす直にオリインタルバンクに爲替を組むへし

向山

五　爲替の件に付英國オリエンタル銀行代表者ロバートソンより小栗上介への書翰　慶應三年八月廿九日

千八百六十七年第九月廿六日横濱にて

日本政府の御勘定奉行

小栗上野介足下に呈す

グレートプレプブリッツキと號せる蒸氣船本日亞墨利加より到着せるに依て倫敦に在る我會社より第八月廿七日附の傳信機にて下件の告知を得たる趣を以て亞墨利加にある我會社役人ゟ其旨を余に申越たり

日本の太子金を必用とす故に横濱の爲替所ㇸ爲替を取計ふへし

余民部公子の事に付て此傳信機の告知を速に足下に知らしめんと欲す

英國飛脚船第十月二日横濱を出帆すへし此時足下歐羅巴に在る太子の望みに充んと欲するを余に希望するならは其事を余か本國役所ㇸ傳信機にて申贈るへし然るときは幸ならん恐惶敬白

ロベルトソン

六　同上小栗上野介よりの返翰　慶應三年十月廿二日

貎利太泥亞オリインタルハンク

ミストル　　　ロヘルトソンヽ

以書翰啓上いたし候然は佛國巴里に在留いたし候山高石見守方ヽ貳萬弗之金高を同人ゟ右金高請取候證書差越候へは速に一ヶ月百分一之利分相添可相渡右之段貴君より英國ヽ被申送候樣致度御賴申候間否御回答被下度候以上

慶應三年丁卯十月廿二日　　　小栗上野介　花押

尙々同人宿所は巴里ルーデペルコレース第五十三號にゐ候

七　英國オリエンタル銀行代表者より申越の件水野若狹守より塚原但馬守への書翰　慶應三年十月廿三日

昨廿二日附御書狀本日第八時相達拜見然者當地在留英國オリインタルハンク、ロヘルトソンヽ小栗上野介ゟ急件之儀申遣候由書翰壹封御差越早々

達方取計回答差出次第急使を以貴樣ゝ可差進旨承知致し卽刻相達候處別紙横文壹封第一時差出候間二時限を以差進申候且又英國飛脚船便之日限御承知被成度趣に付飛脚船問屋ゝ爲問合候處六七日も相過候はゝ入津可相成由當時滞船は無之趣に有之候右御報可得御意如斯御座候以上

十月廿三日　水野若狹守印

塚原但馬守様

往書は佚す

八　金子請取書の件ロバートソンより小栗上野介への書翰　慶應三年十月廿三日

千八百六十七年第十一月十八日横濱オリエンタルハンク會社に於て江戸にある日本政府御勘定奉行小栗上野介閣下に呈す

余慶應三年十月二十二日附貴翰を落手せり余悦て山高石見守の爲め二萬

弗を倫敦に於て拂ふへく取計ふへし右金子返濟方は例の如く利息を添へて右金子請取書を余等より差出せる時此地に於て拂ひ給ふへし余考るに山高は民部大輔公に附添ひたる貴人なれは本國にある余等の朋友容易く彼に承知すへし然れとも誤あらんことを防かんか爲め余彼か爲に此添書を差贈り候間閣下此次の便船に之を彼れに贈るへし此添書を倫敦にある我等の局に示す時は滿足なる證據となるへし恐惶拜具

アクチンクアゼント

ゼ、ロベルトソン

九　同件に付ロバートソンより山高石見守への書翰

慶應三年十月廿三日

千八百六十七年第十一月十八日横濱於て

巴里リユヘルゴレーズ五拾三號

山高石見守足下に呈す

足下此書翰を以て倫敦にあるオリエンタルバンク會社に差出すへし而して足下調達を要する如き金子を同處にて拂はるゝ事を望むへし

アクチングエント
ゼー、ロベルトソン

一〇　蘭國に於て民部大輔へ五萬弗融通の件同國總領事より閣老への書翰　慶應三年九月廿六日

第百九十九號／三百六十四號

千八百六十七年第十月廿三日神奈川に於て

江戸外國事務執政閣下に呈す

此地に在留する荷蘭商社の頭取此頃來着せる郵船より傳信機の報告を得たりしに安特堤《アムストルダム》に在る荷蘭の商社は大君殿下の令弟なる民部大輔に五萬

ドルラルの金高を拂ひたりと云へり

此拂方は日本政府にて善しとなすや閣下速に余に之を告け給はんことを懇願す

佛蘭西政府に遣されたる民部大輔か其金子を得んとて荷蘭の商社に之を託せることを余に於て甚た驚駭する所なり是を以て閣下民部大輔より其告知を得しならは速に其縁由を余に告け給ふときは余に於て幸甚なるへし恐惶敬白

日本在留荷蘭ポリチーケアゲント

兼コンシユルゼネラール

ドデガラーフフハンボルスブルーク

返翰十月二日の條に載す○此書九月廿六日出す

一一　同件に付小笠原壹岐守より蘭國總領事への書翰

慶應三年十月二日

荷蘭ポリチーキアケント兼コンシユルゼ子ラール
ヱキセルレンシー
ドデカラーフフアンポルスブルークへ

貴國第十月廿三日附第百九十九號之貴簡落手佛國都府於而民部大輔殿貴國商社より五萬ドルラル之金子を御借受相成候趣に付其緣由御承知被成度旨御申越に候處右之儀は佛國滯留之外國奉行より未た何等之報告無之且傳聞も不致候儀に付右奉行より申越事實相分り候はヽ速に御報告可及候右貴答如斯候拜具謹言

慶應三年丁卯十月二日　　小笠原壹岐守花押

來翰九月廿六日の條に載す

一二　同件に付蘭國總領事より閣老への書翰　慶應三年十月二日

第二百〇一号
三百七十五

千八百六十七年第十月廿八日江戸に於て

江戸外國事務執政閣下に呈す

余謹て十月二日附の貴簡を落手せることを告て又閣下に問ふ余か第十月廿三日附第三百六十四百九十九号の書翰に五萬ドルラルを民部大輔殿に拂ひたることは善しとせらるゝやと

閣下速に書簡にて此回答を給はるへし其故は余明曉第二時頃我郵船を横濱へ遣さんと要すれはなり恐惶敬白

日本在留荷蘭ポリチーキアゲント

兼コンシユルゼ子ラール

ドデガラーフハンポルスブルーク

返翰本月三日の條に載す

一三　同件に付小笠原壹岐守よりの返翰　慶應三年十月三日

和蘭ポリチーキアゲント兼コンシユルゼ子ラール
ヱキセルレンシー
ドデガラーフフハンポルスブルークへ

貴國第十月廿八日附第二百零一號之貴翰落手披見いたし候民部大輔殿貴國商社より金子御借用相成候に付我政府於て諾否之趣貴國へ御傳言可被成に付右返詞を乞はるゝ旨猶又御申越には候得共既に我十月二日附返書を以申進置候通り佛國滯留之外國奉行より未た何共不申越儀に付只今何共貴答いたし兼候は彌以貴國商社より御借用相成候段申越し候はゝ其節は早々御報告および總而我政府おゐて引受取扱候樣可致候此段御再答およひ候拜具謹言

慶應三年丁卯十月三日　　小笠原壹岐守　花押

來翰本月二日の條に載す

一四　蘭國總領事へ返書の件外國掛より上申書　慶應三年十月

（表巻）荷蘭公使へ可被差遣御書簡之儀に付
申上候書付

外國惣奉行並
外國奉行」

民部大輔殿荷蘭ハントルマートシカツヘーより五萬弗御借受相成候儀に付此程中同國公使より右は政府におゐて御承知被成候哉否承り度旨以書簡兩次申立候處向山隼人正山高石見守より之左右無之に付同人共より申越次第引受取扱候旨御返書被遣置候處此程御用狀到着右之儀申越其上支配向之もの為急御用歸朝仕候に付一體之始末巨細相分同國商社おゐて一時御用辨相心得御同人彼地へ御巡歷之砌御請取相成候に付別紙之通御書簡被差遣右案文小栗上野介へ御下之上書中之儀不都合無之樣取計可申旨被仰

渡可然奉存候依之御書簡案取調此段申上候以上

卯十月

○

別紙書翰案

荷蘭ポリチーキアケント兼コンシユルゼ子ラール
ヱキセルレンシー
ドテカラーフファンポルスフルックへ

以書簡致啓上候然者民部大輔殿五萬弗の金高を其商社より御借受可相成儀に付此程中兩次被申越候趣は其時々御返詞及置候處今般佛國都府より御附添之士官歸朝致し委曲之始末相分り其商社厚意之段も承知いたし候就ゐは向山隼人正山高石見守等より先達ゐ差遣し候證書被差越候へは早々拂方取計可申間其商社へも可然謝詞被申送候樣いたし度賴入候將又右償ひ方之儀は横濱ハンデルタックへ小栗上野介より引合及候樣下命いた

し置候に付閣下よりも其段ハンデルタックへ御申通有之候様いたし度存候拜具謹言

慶應三年丁卯十月廿七日

小笠原壹岐守花押

一五 民部大輔留學費の件勘定奉行より上申書

附外國奉行評議書 慶應三年九月

（卷表）
〔周防守殿

民部大輔殿佛國御留學之儀に付申上候書付

小栗上野介

小出大和守

織田和泉守

小野友五郎」

民部大輔殿御儀佛蘭西國へ博覽會に付爲御名代御越被成候所追々右御用は被爲濟候趣にも御座候に付右御用被爲濟候上は改ゐ御留學之儀被　仰出候樣仕度一體御身分柄之儀にも被爲在候に付是迄被遣候御使之比例には難相成候得共當正月御出帆之節五萬五千弗御附添外國奉行向山隼人正へ相渡候所此程迄僅に六七ヶ月之間御用意金不殘遣切相成於彼地三萬弗借受候に付早々廻し方可仕旨此程隼人正より在府外國奉行まて申越候趣にゐ何分是迄之儘永々御在留被爲在候ゐは此上何程之御入用可相成哉見据も無之御身分柄に對し候ゐは何とも難申上奉恐入候得とも御勝手向御必迫御繰合も無覺束折柄にも有之畢竟御身分等にも無御差構御留學被爲在候は後來御國之御爲も被爲思召候上之儀にも御座候に付御留學中は佛蘭西帝を始各國高貴之ものへ對々之御贈答は御斷り相成御賄其外御手當向も御旗本御家人より被遣候留學生同樣之御取扱相成候樣仕度既に魯西亞中興之剛傑ピヨートル帝抔も修業中は

和蘭國におゐて船工之内に入職業いたし候趣にも有之敢而御不體裁之儀も有之間敷候間格別之御英斷を以て前段之御振合に被仰出候樣仕度奉存候依之此段申上候以上

卯九月

○

○外國奉行の評議書

書面一覽勘辨仕候所御出帆之節御持越相成候五萬五千ドルラル之御用意金既に御遣切相成候に付此後之御入費見据無之候間御賄其外御手當向も御旗本御家人より被差遣候留學生同樣之御取扱相成候樣仕度との儀は御用途多之折柄御勝手向御差操方深く心配仕候より申上候儀にて尤之次第に御座候間可成丈は御省略相成候方に可有之候得とも是迄之所は博覽會中　御名代之廉も有之且假御屋形御取計相成御手道具幷御飾付品等御買上に而一時許多之御入費相掛り候趣に付右御用意金も僅之月數に而御遣

切相成候儀に可有之候間最早右等之廉相濟候上は爾後一時許多之御入費相掛り候樣之儀は有之間敷哉乍然御附之もの多人數御附添罷越居候而は物價貴き土地柄之事故自然御出高も相嵩み可申候得とも一體御國之儀は西洋各國とは建國之御法經庭之相違有之御制度御禮節御格式等に至り候而は最格別之差別御座候間右等之儀悉皆御變革相成候上は御旗本御家人之留學生同樣御取扱に而も敢而御不體裁之儀は有之間敷哉に候得とも佛國帝にも都而御國之御格式に隨ひ鄭重之御待遇いたし御師傅も人撰之上假御屋形へ差出し御敎授申上候儀は外留學生とは大に差別相立御身分に應し御敎訓申上候儀に可有之所今更御賄其外御手當向等御改革相成候而は只御入費之爲而已に御格式を被爲貶候儀に相當り可申間佛國人之聞見も如何可有之哉魯帝修業之儀比例に擧候得とも右は全く庶人之體にて微行いたし候に付荷蘭及ひ其他之國人とも魯帝と申儀は曾而存不申後日に至り魯帝なる事傳聞驚愕いたし候趣に有之候得共民部大輔殿御儀は最初

御名代にて御越相成候儀に付右御職任は被爲濟引續き御在留被爲在候にも御旗本御家人之留學生同樣御取扱と之儀は何分御不體裁に付可然とは難申上去とて其儘御差置候而は莫大之御出高にも可相成候間京師より御附にて罷越候者之内五六人も御差殘其餘之ものとも歸朝被　仰付候はゝ多少之御省費にも相成可申歟右も御弱年にて隔海絶境之地に御在留之儀に付强而申上兼候得とも既に留學生徒も罷越居追而は在留公使も被差遣候儀故先つ御差支は有之間敷哉奉存候尤右は私共より差極難申上儀に御座候間篤と御賢慮被爲在候樣仕度候依之御下け之書類返上此段申上候

卯九月

山口駿河守

朝比奈甲斐守

江連加賀守

石野筑前守

川勝近江守

石川河内守
菊池伊豫守
糟屋筑後守
酒井對馬守
梶　清三郎

一六　大政奉還願書及同御沙汰書

慶應三年十月

第一號
別紙に相違候御書取之趣
御奏問被遊候處去る十五日

第二號
第三號
別紙之通
御所より被仰出候

十月　○

第一號

恭
皇國時運之沿革を觀るに昔
王綱紐を解て相家權を執り保平之亂政權武門に移てより我祖宗に至り
更に
寵眷を蒙り貳百餘年子孫相受我其殘を奉すと雖とも政刑當を失ふ不少
今日之形勢に至も畢竟薄德之所致不堪慚懼候況や當今外國之交際日に
盛なるにより愈
朝權一途に不出候ゐは綱紀難立候間從來之舊習を改め政權を
朝廷に歸し廣く天下之公議を盡し
聖斷を仰き同心協力共に

皇國を保護せは必す海外萬國と可並立我國家に所盡不過之候乍去猶見込之儀も有之候はゝ聊忌諱を不憚可申聞候

十月

○

第二號

祖宗以來御委任厚御依賴被爲在候得共方今宇內之形勢を考察し建白之

旨趣尤に被

思召候間被

聞召候間尙天下と共に同心盡力を致し

皇國を維持可奉安

宸襟

御沙汰候事

○

第三號
大事件外異一條は盡衆議其外諸大名伺被
仰出等は
朝廷於兩役取扱自餘之儀は
召之諸侯上京之上
御決定可有之夫迄之處支配地市中取締等は先是迄之通にて追て可及
御沙汰候事

丁卯十月晦日

一七　大政奉還を川勝近江守よりフロリヘラルへの報知書　附口達覺書　慶應三年十月晦日

モッシウル
フロリヘラルトへ

以書付申進候今般別紙之通京師より申越候に付不取敢御報告および候尤委細之儀は跡より申越候積に付申越次第直に御報告可及候此段事務總裁より命せられ候謹言

慶應三年丁卯十月晦日　川勝近江守花押

別紙は前に有るたを以て略す

○

別紙

演述之覺

我か日本の　大君祖宗以來二百五十餘年を經今日まて傳來せし政權を御門に歸し給ふことを自ら英斷ありしに依り余等この國勢變革の際に當りて或は流言浮説の起りて人心を煽動するを恐れ各國へ其情状を演述せんことを要する左の如し

目今の事情を了悉せんには古往の事蹟を粗概説するにあらされは明晰な

らさるにより古に遡りて申述候
往昔二千年前鴻荒の初國祖天神の子孫常に全國の政柄を執り來これを
御門と稱す其後　御門の政始て衰微し政權宰相藤原氏の手に移り公家の
內文武の官名を具すといへとも文弱にして自から擐甲執銳して不享を制
する能はす國家有事に臨ては必武家を援て爪牙となす政令多岐に出さる
を得す武家の棟梁を源平二氏となす日本の半國を分て東の武家は源氏に
屬し西の武士は平氏に隷し保元平治の亂　皇子位を爭て二氏を互に依賴
し源氏亡ひて平氏盛なる殆二十年權始て武家の平氏に落その暴橫藤原氏
の時に勝るを以て　御門源氏の冑裔を賴みて平氏を亡す源氏父祖の舊仇
を滅して　朝家を保護するに依りて　御門全國兵馬の權を擧て武家に歸
す是西曆千二百年の頃に當り所謂將軍家の始とす卽累世　大君の職を繼
へき德川家同流の大祖なり
如斯もの殆四百年其間治亂ありといへとも將軍の職に任するものは　朝

敵を討伐し萬民を安んするを任とする故　御門を輔翼するの任を受て其功あるものは多く兵力と勤王の赤心に依てなり然して時に小康ありといへとも國内猶靜謐に歸せさりしは國の政令一途に歸すること無きによりて各角立の風をなして干戈止時なく人民塗炭に苦み天下　主上あるを知らさるもの數百年なり　我か　大君の開祖　東照宮英邁の大德ありて自から汗馬の勞を擔て大亂を蕩平し國家始て大平を致し　御門を安んし禁裏を造營し大に供御料を增し今に至るまて朝紳安穩に生活するを得るはこの勳勞に依れはなり　御門此功績の大なるを感嘉し　東照宮へ政權を擧て全任し國家の政務一切預らさる模範を累代に垂れ給ふに依て　東照宮の威權日々烜赫なるは前古將軍の曾て見さる處なり因て大に全國の諸侯を江戸に會し政府の基礎を開き給へり此時會同する大小名等皆其法を仰き戴かさるものなく各江戸に邸を置き隔年或は年々幾月間江戸に參勤する事を確定して一人も異志あるものなく累代の法則となれり

如斯なれは我か日本數百年間の大亂を一統し二百五十餘年の太平幸福の基を立し其間大小名一人たりとも更に非望を抱くもの無き樣內亂を鎭定せしは振古　東照宮の右に出るものなし故に政權の歸して其子孫累世に及ふは聊疑を容るへきものなし

其後に至り宇內の形勢大に變遷し米船江戶灣に駛入せり爰に於て從來の舊習鎖國の規條を廢弃することは已を得さるの勢なり

此時西洋軍器兵法に長し我か國二百餘年太平の民を以て遽に無名の戰鬪をなすの無策を知るのみならす世界一變天涯比隣の如き時世に當りて東洋の一島國にて萬國を仇として自存するの事勢なく一天橫披の人民を拒絕して交らさるの公理なきを早々曉解して各國と交際を開くの條約を取結ふことを決定せり

此時に當り追て全國の大事件となるへき新創の事にして闔國人民の思計らさる事なれは政府に於て其議論の結局を盡して到底疑慮を容れさるや

う處置せさるは今更遺憾の至なり條約取結の初苟且にして外國人と我か國人との交を疎遠ならしめは交際の間に誤を生せす鎖國の頑論漸く銷磨して自然染習の期もあるへしと思ひしは却て奸民の奇貨となりて卒に雙方の不平隔意を釀成するに至り諸侯の最大なる此時に乘　大君の權を奪はんと謀り譎詐の黠言を逞ふし京師を欺騙し江戸政府の處置を一々讒誣するの機會を得たり

今　先君政權の衰亂せし緣由の種々を枚擧するは臣子の分忍はさる處にて却て益なきに似たれは爰に贅せす我政府處置の宜を得たりとは謂難しといへとも遂には鎖國を唱へて外國を諱嫌ふものを漸々に抑壓し一旦外國と取結ひし條約を履行はんとの宿志は曾て止事なし

然といへとも斷然其約を守り其業を果せしものは英敏偉烈の天資ある東照宮の遺業を中興するも亦難からさる天縱の　今大君の新たに政權を掌握し給ひしによるなり然らされは此約を全ふするや否未た知るへから

さるものなり　今大君には政令一途に出ること國政の大體基本なるを夙に洞察せられ繼統の初より京師に久住し是迄政體の虧欠多きを見久しく其職を辭し給ひしか愈事情不容易の勢に迫りたるを以て無餘議其任を受給ひしも畢竟是迄彼是と條約遵奉の趣意に合ふもの少けれは今やこれを擧て一々履行ふは日本國の榮名を保佑せんか爲なりといふ深く着眼ありてなり

各國公使を大坂城に會集し懇親の情誼深く待遇の厚きは勿論條約施行の信を固する金石の如く節義を重んする泰山の如く一々其約を遂け一も欠く所なきは　今大君の大任の當然とはいへとも百辛を經て毫も正理を失ふことなきの確證を見るへし

今日に至り既に條約を全ふし海外へ對し一點の愧慚なく信義を十分に立し上は　大君直ちに國内の治否を顧念し是迄人心の向ふ處求る處總て日月の久きを積自然の變化に任せり然るに百年以前至美の政制と仰きしも

のも今日は時勢轉變して適宜ならす宇内の形勢日を追て一新するに當て手を束ねて故習に安んするは自から其身を剮するに異ならす此新法を建るの策毎々余等も闘論せし事不少畢竟此大事を議決するものは英明在上の　今大君の深衷英斷に依らさるを得す　大君の御意內を奉推に政府の威力を振んには全國人心の向背に從ひ號令一途に出さるを得す各國の政體皆其意を同ふすといへとも余か國政制の未曾て有らさる所なり今に當りて力を極めて此制度を建立するにあらされは泰治を成す能はす人々當今の形勢に於て急務なること及ひ國難の由て起る處其他報國の赤心を披て其公議を聽へきなり　祖宗傳來の權は神宮へ歸し依て　御門へ建言して國內の大家巨室集會し今の形勢事情を論盡し力を共にして政府の法を建立し將來再ひ動すへからさるの政體國律一定し日本全國の幸福と獨立の勢を盛にするの策を議すへしとの深意實に國を憂るの深き古今比類なき所なり

是則當今形勢の情實なり故に外國と日本との交際に於て聊か難事あるこ
となく總て是までの如く平穩なれは必高慮を煩すなかれ右樣國家多難の
日に當り外國と交際を全ふし其公理を失はさる旨意なれは尙向來の事業
泰然成遂るは言語を待さるへし　大君に於ては條約中の事は一句一言を
殘さす履行ひ約信を全ふするの榮名を得たれは其招に應し來會する大小
名の會議に於て外國事情を辯論する時は其公平の意に聳從せさるものな
かるへし殊に指顧響應する大小名旗本全國の十か八九分なるは擧論する
に及はさる事なり
余等冀くは外國政府に於て平生の情誼を以て余等か同心協力中の一たら
ん事を深く望む所なり今如斯賛成輔翼を冀望するものは他日我か國の益
隆盛なる卽貴國の盡力ありし明徵なることを形影聲響の如くに視んこと
を深く願ふ所なり右は是迄の成行を推考して余等限り及演說候餘は過日
書翰を以て申進候通り京師より申越次第尙可及報告候

徳川民部大輔歐行一件　附佛國博覽會　巻十三

一　用狀迻達の件外國奉行より神奈川奉行への達　慶應三年十一月朔日

丁卯十一月朔日
（巻表）
神奈川奉行衆　外國奉行」

別紙佛蘭西在留栗本安藝守外壹人江之御用狀急之儀に付此節碇泊之英國飛脚船江托し差立度候間早々飛脚問屋江御渡し右船出帆前間に合候樣御取計有之度此段及御達候

卯十月

下ケ札
御書面之趣承知右は栗本安藝守外壹人江之御用狀英國飛脚船問屋江相届候處其前書狀貳封前同所江届方致し候賃銀都合壹分銀貳拾六鏌三朱に相成右賃銀早々相拂呉候樣佛國テコロン申立候間右別紙差進申候御

取調之上御引渡有之度存候依之別紙賃銀書付相添御挨拶旁此段及御掛合候

卯十一月　神奈川奉行

(原朱書)
下ケ札之内前武封と有之分は十月十六日差立候分」

御下ケ札之趣致承知候佛國ゟ之書狀差立賃貳度分にて壹分銀貳拾六箇と金三朱差進申候間英國飛脚船問屋ゟ御渡方御取計請取書御廻し有之候樣いたし度依之御差越之勘定書は留置金六兩貳分三朱相添此段御挨拶およひ候

卯十一月　外國奉行

御下ケ札之趣承知いたし候則佛國ゟ之御書狀差立賃貳度分にて壹分銀貳拾六箇と金三朱御差越落手英國飛脚船問屋ゟ相渡横文請取書取之譯書相添再應及御挨拶候

卯十一月　　　　　　　　　　　　　　神奈川奉行

二　佛人デゴロンより郵送料請求書　慶應三年十一月朔日

丁卯十一月朔日

在日本横濱千八百六十七年

山高石見守殿ゟ送らるゝ處の紙包壹つ落手せり狀賃拂方は壹歩金拾五鎂外に先日相送る處の狀賃壹分金拾壹鎂三朱なり故に合して壹歩金廿六鎂三朱仕拂有らん事を乞ふ

於横濱六十七年第十一月廿六日

デゴロン

三　民部大輔入費爲替取組の件小栗上野介より和蘭商社への書翰　慶應三年十一月二日

德川民部大輔殿佛國御留學幷各國御巡歷中之諸入費以來一ヶ月洋銀五千

ドルラルと取極候に付右金高は隨從之役人斷次第貴國商社より相渡爲替取組方被取計度代り銀之儀は證書來着之上横濱表於而戻入方可致候尤前書之趣は山高石見守に宛書翰差遣候此段兼而承知被置度候拜具

慶應三年丁卯十一月二日

御勘定奉行
小栗上野介 花押

四　同件に付和蘭商社より小栗上野介への返翰 明治元年正月十七日

第三百拾五號

於横濱千八百六十八年第二月十日香港へ送りし云々略す

過日貴下大君尊弟民部殿之爲め入金をなしたまひし

則ち一ヶ月五千弗なり

余夫に付アムステルダムにある和蘭商會に告知したり而して幾久敷右渡金をなすへき哉を貴下余に告知し給わんことを希ふ

且又貴下右入金之爲め元金を用意し給はゝ余感謝之至りなるへし

和蘭商會アグント

ウエフリデルタック手記

呈　江戸
小栗上野介ヱキセルレンシー

石　橋

五　佛人デゴロンへの郵送料支拂書幷に領收書　慶應三年十一月十六日

丁卯十一月十六日

デコロン氏は
飛脚賃として貳拾六𨨞三朱を落手し給ふへし且右請取書を與へ給ん事を
願ふ

デコロン請取書
右飛脚賃錢としての貳拾六𨨞三朱慥に落手せり

デコロン

六　民部大輔伊國幷英領マルタ島へ尋問始末

附英國女王謁見手續書　慶應三年十一月朔日

丁卯十一月朔日
以書狀致啓上候然は民部大輔殿御儀益御健康伊太利國爲御尋問九月廿日巴里斯御出立同廿四日同國御到着之段は第二十號書狀申進置候處同廿七日國王御謁見諸事手厚之御取扱にて同日夕士官を以日本大君殿下之御厚志により貴公子御來臨有之候段國王おいて滿足之至に有之右爲拜謝同國貴重之デコラーションを獻上致し候旨申聞幷山高石見守保科俊太郎高松凌雲澁澤篤太夫へも相贈十月朔日同國中ミランへ御越翌二日太子へ御逢其後太子も御旅館へ罷越御對話等有之且前後處々御遊覽同三日都府御立戻相成直に御出立之積に候處彼地在留英國公使

罷越同國所領マルタ島は近傍にも有之候間御見物旁御越有之候樣致し度自國軍艦を以御迎申上候樣女王申付越候趣申出彼方厚意を以申出候儀御斷相成候ゐは氣配にも相拘往々御不都合之儀も可有之哉に付御許容之積評決右軍艦到着御待合同八日御乘船十一日マルタ島御着船之處早速同島鎭臺ゟ御迎として忰幷士官等罷出水師提督其外數人御機嫌伺として御乘船に罷越臺場々々船々等にゐ貳拾壹發ツヽ之祝砲致し港口より奏樂にゐ御上陸鎭臺居住之官邸に御案內其後引續種々御饗應日々處々御遊覽等有之いつれも格別手重之御取扱にて同十六日同島御出立御送り之軍艦に御乘船御出帆之處同夜中に至り蒸氣器械破損所出來其上風波等にゐ航行手間取一同心配致し候處船將等格別骨折同廿一日無御滯マルセール港御着廿四日朝巴里御歸館被爲在候

一英國爲御尋問來る五日巴黎斯御出立之積に有之尤此度は隼人正儀も御陪從之積に候

右之段可得御意如此御座候以上

十一月朔日

栗本安藝守印

向山隼人正印

山口駿河守樣

塚原但馬守樣

朝比奈甲斐守樣

江連加賀守樣

石野筑前守樣

川勝近江守樣

石川河内守樣

菊池伊豫守樣

糟屋筑後守樣

○英國女王謁見手續

十一月九日洋暦十二月四日　今日女王御謁見に付御附添コロネル、メジョール御案内第一字半ロンドン御旅館御發軔女王居住のウエンドソル地名ケッソル城へ御越としてロンドン蒸氣車場より御乘車三字ウエントソル御着門内階下にゐ御下乘第一車は公子隼人正御迎之事務執政シーボルト第二車石見守伊衞門俊太郎御附添コロネルエドワル第三車御雇兩人也御着之節滊車場前へ一隊の歩兵正列して捧銃奏樂有之騎馬壹騎前駈宮中の階子を御登り廊下様之處にゐ暫時御待合せ無程奥勤之官人御案内にゐ唐戸内へ御入女王後ろに娘兩人末子壹人を隨へ稍進みて公子に謁す公子御默禮御口上有之如例シーボルト通辯女王御答申上次に其男女を御引合申上相濟ゐ隼人正ゟ伊衞門迄一人つゝ女王に謁し畢ゐ退席夫ゟ表座敷へ御越茶菓子等差上御休息後宮中御一見再ひ最前之廊下へ御立戻之處白紙綴本差出御直書御記名相願候に付德川民部大輔慶應三年十一月九日と御認無程御退出馬車其外最前之節之通りに而夕立五字過ロンドン御歸館　御贈品者御附添メジョールエドワルドは目録添引渡す　太子幷妃共御着前他出に付歸府次第御逢之積之處御逗留中歸府不致御面謁無之

御贈品目録

マゼチスークインは
一水精玉　壹臺付
一菊蒔繪香簞笥　一
一糸入綿　一此品は御面會之娘二人末子一人へ御贈之積
一金襴出水注

太子は
一蒔繪料紙硯箱　一組

同妃は
一松竹梅蒔繪十二手箱　一組

以上

外　大君幷公子御寫眞被遣

七　民部大輔英國女王に謁見等の件向山隼人正等より栗本安藝守への書翰　慶應三年十一月十日

丁卯十一月十日

以書狀致啓上候然は民部大輔殿益御健康去る六日夜七字半佛國之内カレー御着ホテル御一泊翌七日朝同所御發軔英國ゟ御迎ひ之蒸氣船にて三字半同國ドブル港御着船暫時御小休夫より別段相備候蒸氣車にて夜六字倫敦御旅館御着昨九日第三字ウインドソル地名ケッソル城において女王御謁見諸事無御滯相濟申候尤右ウインドソルは女王常住之城之よしにて倫敦ゟは蒸氣車道一字程之里程有之夕四字過倫敦御歸館相成申候右之段不取敢爲御心得可得御意如是御座候以上

十一月十日

山高石見守

向山隼人正

栗本安藝守樣

追而御持病御療治跡は逐日御快方に候哉折角々々御養攝專一奉存候當地時節柄季候も別而御宜殊に兼而御打合之趣も有之可成丈御手廻しにて一日も早く御歸巴之積に御座候併昨日御謁見濟之儀に付未御歸期も相定兼候間見切出來次第猶可申進右之段木村宗藏幷コロネルフロリ等へも御通し置被下度奉存候以上

八　栗本安藝守より近狀を向山隼人正へ報告の書翰　慶應三年十一月十一日

丁卯十一月十一日

拜啓此程は其都府御安着大悅乍去御謁見又は御談判筋種々之御手續にて嘸々御匆忙と恐察申上候御國御用狀到來御兩名宛內狀披閱原市は扨々憫惻島三坂地へ下り不相替於今ゴドく致居候樣子柴日州頗困却と申事酒對梶淸御同役幷何れも不知面之人也猶近日兩三名御同役出來逐々馴熟之上四方ぃ出前致候由朝甲私狀に相見申候小生之滯在後口付も亦甚よし道

灌辭世歟かゝる時さこそ命云々之歌思ひ出し獨笑御地如何當表日々曇天或は霏雪寒威峭然賤恙順快但未在蓐也博覧會商人件未決定不致清昨日夕來貢頗似可厭也

十一月十一日　安藝守

隼人正様

石州伊衞ゟは養懶中別段文通無之宜敷御傳語箕作新滑稽にても御座候哉如何唯日々ロンドン騒き居候而已にては下達致し可申候間宜敷御鞭策可被成候以上

九　佛國博覧會出品商人の件栗本安藝守より向山隼人正へ書翰　慶應三年十一月十一日

丁卯十一月十一日

拜啓然者博覧會商人一條結局之儀御出立に臨み老拙ゟ御遺諭之儀も御座

候に付大抵右邊にて纏り可申哉存居候處昨今又々願書振り變替相成何分一存にて裁斷致兼候に付先前之通に候はゝ聞屆遣可申猶其上にも江戸拜借金此地返上御免位之儀は枉て承遣可申趣内意迄も申聞遣候得共夫にては何分落意不致樣子第一根元なる場所入用之内廉々不服之ケ條も有之旁申出候顚末委細不心得老拙には最早知る所申盡處置之致方無御座に付淺吉其表ゟ差出候間得と御直聽之上御裁切被下候樣仕度此段奉冀候以上

十一月十一夜　栗本安藝守（花押）

黄邨君　（原朱書）

返書本月十三日の條に載す

一〇　爲替金一條其他數件川勝近江守より栗本安藝守等への書翰　慶應三年十一月十二日

丁卯十一月十二日

第十三號
以内狀啓上いたし候先以民部大輔殿益御勇健被成御座貴樣方御堅固被成御勤仕珍重之至に存候然者爲御替金一條に付而は第十二號御用狀英船便を以て去月末さし出候間最早御入手委曲御承知被成候事と存候
右は差向候處六左衞門卯三郞ゟ兼而御貸渡相成居候壹萬五千兩其表おいて御取立御仕拂相成候積にて御勘定所より同人共ゟ之申渡候書付既にさし上候右にて御不足に候はゝ小栗上野介より英國オリインタルバンクゟ掛合濟に付貳萬ドルラルの爲替龍動オリインタルバンクゟ石見守殿ゟ御談次第可差出積之證書もさし立置候
先頃被仰出候大御變革一條に付而は其節被仰出候御書付類相添いさゐ之事情不取敢申進置候間御承知之上フロリヘラルトゟ之書簡幷御演說書等御達し有之候事と存候其後被仰出候御書付類別紙さし進候間御一覽可被成候
京師之御樣子昨今之處如何樣に候哉聢と相分兼候得共先頃中より薩藩之

もの多人數罷在暴徒等之御懸念も有之候處其後何たる變事も無之平穩に而　公方樣にも益御機嫌克二條御城に被爲在候縫殿頭殿兵部大輔殿肥前守殿備後守殿御上京後別に新聞無之此節諸侯專ら召中に有之候間何れ會同公議之上追々被仰出候次第も可有之と存候奥羽侯伯は何れも病を以て辭し上京不致との趣に相聞殊に上杉家等徳川氏之命に而候得は可罷出抔申唱候よし

江戸府も被仰出爾來何となく淋しく夜中は五ッ時頃ゟ往來も少く有之先頃中押込盗賊處々有之蹤跡甚疑しく相聞候處追々靜まり申候出火も小災は時々有之候へ共爲差儀無之候此段は御安慮可被成候

江戸新潟開市開港之儀は大坂兵庫と一時に相成候而は不都合之廉不少に付各國公使協議之上一月一日ゟ三ヶ月延期相成候尤開市開港場所々々之手續は精々爲涉取候事に有之候

御軍艦は盡く大坂ゐ相廻り居候

石見守殿外御手當向之儀京都表御勘定奉行ゟ掛合およひ候間御下知濟之
上は早々御廻し可申候
英國公使は本月中には大坂ゟ罷越候趣に相聞候右に付河内守明十二日東
海道上京いたし候右之段可得御意如此御座候以上
十一月十二日　川勝近江守
栗本安藝守樣
山高石見守樣

一　民部大輔倫敦出發の件向山隼人正等より栗本安藝守への書翰　慶應三年十一月十三日

丁卯十一月十三日
一昨十一日之御書狀昨日到來致拜見候然者八月廿四日九月十七日附江
戶御用狀去る十日巴黎斯到着に付御兩名宛之分御一覽之上御廻し落手

致承知候
一貞芳院樣ゟ之御返書幷宅狀等落手致し候
一貴樣佛國御滯留之儀に付御書付寫一覽被御申越候趣民部大輔殿へも申
上候
一公子倫敦御着去る九日女王御謁見相濟候儀等去る十日申進候間最早御
承知之事と存候爾後當地御取扱振も彌宜敷心障等之儀も無之候間御安
心可被成尤可成丈御早く御引上け之積に候得共日々所々御見物等之儀
申出何分無下に御斷にも難相成未御出立期日相定候場合にも至り兼候
間いつれにも廿日頃迄には是非御引上け之心得を以彼方氣配不損樣夫
々引合居候事に御座候付ゐは來る十七日西洋十二日英郵船出帆日には候得
共差急き江戶へ可申遣程之事件も無之英御尋問濟御歸巴之上にゐ委細
之儀申上候方却ゐ可然哉に付今便は當地ゟは差出不申候
右御報旁如是御座候以上

十一月十三日

山高石見守 印

向山隼人正 印

栗本安藝守様

往翰本月十一日の條に載す

○

丁卯十一月十三日

鹽島淺吉昨夜十一字過倫敦到着去る十一日夜之尊翰拜讀博覽會商人荷物一條之儀縷々御紙上之趣承知猶淺吉ゟも事情大略承り得と勘辨致し候處再度差出候書面中コンシユル之職務を以フロリヘラルト荷物引留候は則上ゟ御取上け相成候次第に御座候なと有之文意如何にも不當之儀にていつれにも不穏相聞候に付伊右衛門ゟ得と事情爲承糺候處是迄荷物取戻し方はか取不申追々時日相移殊に西洋年末に至り糴賣之日間等も難計困迫之餘り右樣不都合之儀申上候段は今更恐入候得共實は右樣之次第に至り

ては重々不取計にて歸朝之上六左衛門等へも面目を失ひ候儀殊に糶賣之儀は元來之見込に有之候間可相成は荷物取戻しせり賣致し度念慮之旨申聞候に付左候はヽ會場諸入費之儀役々取調之上金高取極申渡候通り無異論差出候儀に候はヽ右入費は政府にて請合候間荷物は早々可相渡旨フロリヽ懸合可遣段申談候處右入用高御吟味之上被仰渡候上は增減共當否等彼是不申上無相違差出候樣可致旨申聞別紙之通再應願書差出候一體博覽會ヽ相越候商人之儀は御承知之通最前ゟ無餘儀事情も有之哉に及承候處荷物不殘引上け相返し候は何歟不穩取計之樣にも相聞候間可成は右樣致し度無之は勿論之儀に付最初願面之通相成候儀に候はヽ右手續に運ひ遣し自然糶賣にても見込通り捌き兼諸入費拜借返納等難出來節に至り候はヽ其節に至り殘り荷物爲差出候方心服可致哉に奉存候間右にて御存寄無之候はヽ前文之通場所諸掛は政府にて引請候間荷物は急速商人ヽ可相渡幷糶賣等之儀も故障無之樣フロリヘラルトヽ御說得有之候樣致し度存候

尤本月晦日西洋十二月廿五日吉利支祭り以前に無之而は賣捌方不宜趣にて來十八日西洋十二月十三日肥藩せり賣致候場所において執行致し度由に付右前々日迄には是非相渡候樣精々御談被下度存候右に付再度之願書は願下けに致し其外勘定書等も留置候而不都合の廉も有之候間一と先於當地卯三郎ぃ下け戻し申候則卯三郎差出候書面幷先日於御地差出候願書共封し込差出候間右にゐ御承知猶巨細は淺吉へも御質問之上日比野清作へも夫々御申渡可然御取扱有之度存候右御報旁可得御意如此御座候以上

十一月十三日夜倫敦おいて　向山隼人正

栗本安藝守樣

返翰は本月十一日の條に載す

別紙

博覽會ぃ差出候私共荷物之儀に付是迄品々申上候趣も御座候得共猶篤と

勘考仕候處元來右荷物之儀は羅賣に仕度見込に御座候間何卒去る六日奉願置候書面之通會場諸入費私共より可差出分凡五萬三千七百七拾八フ之内シベリヲン方に預け有之分壹萬七千フランク有之候間殘り三萬六千七百七拾八フ程は暫時御操替置フロリ方ゟ留置候荷物當月十七日迄に相渡候樣御引合被成度左候へは來る十八日西洋十二月十二日羅賣仕右賣捌代を以拜借金之分上納可仕候付而は會場諸入費高之儀は御掛り樣にて御吟味之上增減共被仰渡通無相違差出候樣可仕候其餘都而前文申上候願面之通御聞濟被成下候樣仕度依之猶又此段奉願上候

十一月十三日

於倫敦　卯三郎印

一二　民部大輔蘭・白國にて歓待等の件川勝近江守より栗本安藝守等への書翰　慶應三年十一月十五日

丁卯十一月十五日

九月十三日附之御書狀本月十四日相達披見いたし候北蝦夷地經界規則書は各國ゟ御達可相成積に付御書翰寫爲御心得差進候旨之處取落相成候と相見へ相廻り不申旨被仰越承知いたし候則右御書翰寫さし進候

一民部大輔殿爾後益御康健荷蘭白耳義おいて格別鄭重に御待遇申上候旨縷々被仰越右之段は委敷可申上旨承知いたし候

一公子御巡國其外其表御入用金御差支和蘭ゟ御借用金五萬弗隼人正殿には巴里ゟ御引返相成候に付右五萬弗は石見守殿名前を以爲替手形御渡相成候儀は御申越之通愛藏よりもいさゐ承知いたし同國ゟ右爲替償方申越次第拂方取計候樣御勘定奉行ゟ被仰渡可被下旨申上置候間左樣御承知有之度候

一安藝守殿御承り御用筋未書類譯文等取揃不申に付專御取調中之趣　御系統之御國書はロセスゟ申進候趣も有之候に付九月十日佛國事務執政ゟ御達相成候旨其他御申越之云々承知いたし候

一新發明テレガラフ之儀委曲承知致し神奈川奉行へ之一封早速相達申候
一民部大輔殿御巡國之儀白耳義ゟ孛漏生に御越之積に候處同國王當節留守居中に付御見合昨十二日巴里斯に御歸館相成不遠英國に御越之積之由被仰越承知いたし候
右御報知如此御座候以上
十一月十五日　川勝近江守印
栗本安藝守樣
山高石見守樣
尙々隼人正殿最早御出帆相成候儀と存候間御二名宛申進候
來翰九月十三日

一三　向山隼人正若年寄格任命の件外國奉行より伺書

附同指令書　慶應三年十一月十六日

丁卯十一月十六日

（卷表）向山隼人正殿儀に付相伺候書付

外國總奉行並

外國奉行」

向山隼人正儀各國政府江談判筋相勤候に付外國シャルゼダフヘール相當之任を以て御用中若年寄格被　仰付勤候内七千俵之高に御足高被下候旨五月廿一日附之御奉書佛國江到來致し候段同人より八月十九日附書状を以申越此程承知仕候右は私共江何共江御達之趣無御座候得共同人儀若年寄格被　仰付候は彼地御用中限り之儀に御座候哉此段奉伺候以上

卯十一月

山口駿河守

朝比奈甲斐守

江連加賀守

川勝近江守
菊池丹後守
平岡和泉守
糟屋筑後守
酒井對馬守
梶清三郎
杉浦武三郎

○

丁卯十一月

(卷表)
覺」

各國政府ゟ談判筋相勤候に付右御用中若年寄格被　仰付候儀に候事

一四　同上　慶應三年十一月

(表巻)
向山隼人正儀に付再應相伺候書付

外國總奉行並
外國奉行」

向山隼人正儀に付此程相伺候趣御座候處各國政府ゟ談判筋相勤候に付右御用中若年寄格被仰付候儀に候旨御書取を以被仰渡奉承知候右は同人儀先頃御呼戻之儀彼地ゟ御達にも相成候間近々之内歸朝も可仕處右御用中と有之候而は歸朝候共尚右御用取調等も可有之左候へは矢張若年寄格と相心得御用部屋ゟ罷出候儀に候哉兼而相伺置不申候而は同人心得方にも差支候儀に付此段再應奉伺候以上

卯十一月

山口駿河守
朝比奈甲斐守
江連加賀守

川勝近江守
菊池丹後守
平岡和泉守
糟屋筑後守
酒井對馬守
梶清三郎
杉浦武三郎

外國總奉行並
外國奉行

一五　同上　附同指令書　明治元年正月

(巻表)
向山隼人正儀に付申上候書付

書面歸朝候得は如前々可相心得旨被仰渡奉承知候

辰二月五日

外國總奉行並
外國奉行」

昨卯年十一月中向山隼人正身分之儀に付相伺候處御用中若年寄格被仰付旨御書取を以被仰渡候に付歸朝候共尙右御用取調等も可有之左候へは矢張若年寄格と相心得御用部屋へ罷出候儀に候哉之旨同月中再應相伺候付其後何等御下知無之然る處同人儀近々歸朝仕候趣に有之候間右伺之趣急速御下知御座候樣仕度此段申上候以上

辰正月

川勝近江守

江連加賀守

石川河內守

平岡和泉守

糟屋筑後守

酒井對馬守

杉浦武三郎

○

（卷表）
「覺」
歸朝候得は如前々可被心得候事

一六　民部大輔留學費節減等の件川勝近江守より栗本安藝守への書翰　慶應三年十一月十九日

丁卯十一月十九日
第十四號
九月廿日附御用狀十一月十八日相達披見致し候然は壹岐守殿ゟ之御請書壹封民部大輔殿御留學中御人減之儀に付御申上書付幷一ヶ年御入用大凡積書添被遣早速進達いたし候美作守殿圖書頭殿へ之御書狀圖書頭殿ゟ差上候民部大輔殿意太利國ゟ爲御尋問廿日夕八字御出立相成候段承知いたし其段申上候安藝守殿御手當向是迄御請取過相成居候分有之候はゝ承知いたし度候間次便御申越有之候樣いたし度候圖書頭殿近江守筑後守上京被仰付候に付支配向召連不日海路出帆いたし候積に有之候右は各國公使

追々上坂可致趣に候間御用辨之爲罷越候事にゐ候民部大輔殿御用品壹箱
今便さし立候間別紙送り狀御照合之上御受取可被成候右は總て御納戸に
ゐ取扱御品柄取揃候間左樣御承知可被成候
右御報旁可得御意如此御座候以上
十一月十九日　川勝近江守
栗本安藝守樣
山高石見守樣
尙々記號御書損にゐ今便十九號と御認之趣承知いたし候室賀伊豫守ゟ
石見守殿ゟ之一封早々達方取計申候
開成所幷英佛語學傳習御用之儀に付被仰渡候御書付寫さし進候
森川莊次郎儀本月十三日外國奉行並被仰付傳習之儀除切取扱候
兵部大輔殿縫殿頭一昨十六日御歸府今十八日英國公使ゟ壹岐守殿御宅
於て御應接有之候

水谷竹四郎以下別紙名前之もの支配向被仰付傳習之儀除切爲取扱候
民部大輔殿御用品員數價付御納戸方より差越候間差進申候
來翰九月二十日の條に載す〇民部大輔用品價書は同人衣類等送付類纂に在り

一七　老中より在佛民部大輔への電報　慶應三年十一月二十日

丁卯十一月廿日
電氣機信報
御老中より巴里斯外國事務局に在る民部大輔アルテスは
日本ノ形勢大ヒニ宜シ〇人々　大君ヲ信仰ス政權及職號ノ事ニツキ　大
君建言ノ旨アリシカ十一月三十日國內ノ大名一同會議スルマテハ　御門
ヨリ是迄ノ通リ大君は委ネタレハ政制一定スルニ至ヘシ

一八　民部大輔英國女王へ謁見等の件向山隼人正等よ

り外國奉行への書翰

慶應三年十一月晦日

丁卯十一月晦日

第廿三號
以書狀致啓上候然は民部大輔殿英國御尋問之儀巴黎斯在留同國公使に打合同人より倫敦に申遣候處女王大慶いたし御招請申上度夫々用意いたし御待申上候旨申越候趣に付十一月六日巴里御發軔隼人正石見守幷支配向御附之者とも御供同夜佛領之内カレー港御一泊翌七日英國ゟ爲御迎差出候蒸氣船にて同領ドブル港御着船之處ゼネラール幷今度公子御附添申付候由之コロ子ルとも船中迄罷越御案内御上陸之節臺場にて二十一發之祝砲いたし同所ホテルに暫時御小休市尹其外官服にて表向之口上申述（是は各國帝王其外高貴之者通行之節恒例之由右口上書は其後飾り紐等美麗に仕立御歸館後右市尹巴里へ持參御旅館に參上差上候）夫ゟ蒸氣車にて夜六字ロンドン御着兼て英政府にて設け有之由之ホテル御旅館相成翌日ゟミニストル等追々御尋問として相越同九日女王御謁見尤女王には先年プリンスコンソルト《良人》卒去後今以喪中同樣にいたし居表

立候外客接遇等は一切相斷候得共公子は格別之御儀に付全御懇親上を以御面會可仕旨に付公子も御平服（御羽織小袴）にて女王常住之城ウインドソルケッソルは御越（ロンドンより凡二十里程）奥坐敷樣之席にて御逢隼人正石見守保科俊太郎三田伊衞門御後ろに罷在シーボルト通辯御口上有之女王後ろに娘貳人末男一人引連公子之御側迄罷越丁寧御挨拶口上申上候後右男女共御引合せ申上夫々御挨拶有之次に隼人正以下伊衞門迄一人つゝ拜禮相濟無程御退席宮中等御一見御退散尤御送迎共彼方ゟ馬車差出ケッソル門外蒸氣車場前に兵隊列立捧銃奏樂等有之騎馬之者御前駈いたし候儀に有之夕刻倫敦御歸館其後彼方より日々御招待にて三兵調練大砲町打諸器械を始所々御見物有之猶品々入御覽度旨にて御引當申上候得共追々日數にも相成候に付御切上け廿一日倫敦御發軔翌日夜巴里御歸館之節も海陸御取扱振都て御越之節之通にて諸事御不都合之儀無之且此度御旅館其外御逗留中之入費は都て政府にて御賄申上候儀に有之右之

趣宜御申上可被成候

一近傍國々御尋問相濟孛は先達而御越之積之處彼方差支有之御延引相成候候に付魯亞等は暫く御見合專御留學之方御勉强之積尤其段佛政府へも改而申入置是又可然御申上可被成候且前件之次第京師江別段不申上候間御地ゟ宜被仰上候樣致し度候

一安藝守江御内命之御國體琉球其外之儀共此度ロンドンにおいて隼人正ゟ英外國事務執政ロードスタンレン江談判およひ候委細之儀は隼人正ゟ内狀を以申進候

一同斷之儀佛國執政へは英國出立前談判いたし候

一博覽會幷御巡國も相濟公子には全御留學に被爲成候に付而は跡調出來次第隼人正儀は兼而被仰渡之通り爲復命支配向一同西暦第一月十九日佛郵船に而歸朝之積に有之候

右之段可得御意如此御座候以上

十一月晦日

栗本安藝守
向山隼人正

返翰戊辰二月六日の條に載す○此書二月朔日江戸着三月廿四日佛帝八月八日瑞西大頭領同二十日荷蘭王同廿八日白耳義王九月廿七日伊太利王十一月英女王へ徳川民部大輔謁見手續書は其月日に隨ひ已に編纂せしを以てこゝに省く

一九　於倫敦向山隼人正英國外務大臣との應接覺書　慶應三年十一月十五日

丁卯十一月十五日西洋六十七年十二月十日英國龍動おいて外國事務執政ロードスタンレン宅江隼人正組頭三田伊衛門内通辯アレキサントルシーボルト相越參政官へモン列座談判左之通

一應挨拶畢而

一隼人正此度拙者貴國江相越候に付而は執政官江御面會之上得と御咄可申置旨政府ゟ被命候儀有之候間御談申度候右は

當大君御繼統以來外國との御交誼一際厚く被遊候思召にて既に當春於

阪城各國公使謁見之典有之別段之御懇話も被爲在且兵庫も彌開港江戸居留地も御極相成猶追而は西國之方にても港を御開き可被成程之思召も有之候

一《ロードスタンレン》當大君格別御懇親之思召は兼々承知罷在候得共猶今日之御談話にて委敷相伺彌兩國之御交誼厚く貿易も益隆盛可相成儀と大幸之至に有之且日本之御爲にも可然儀と存候

一然處諸藩之內政府開國之議を妨け私に一己之利を貪らんか爲陽に鎖港之論を主張し種々虛妄之流言をなし責を政府に歸し陰に外國と私信を結はんと擬する者も有之哉に相聞へ候右等之類外國政府にては信用も被致間敷なれとも萬一疑惑等有之候樣にては大に　大君之思召に悖り自然懇親之交際上において不都合を生し可申事に有之一體日本國體之儀は外國と大に異り居候間外國人においては容易に會得被致間敷に付古來沿革之事跡大略を記し候一書英文に譯し持參御心得として差出候間

御熟讀有之度候且又琉球島之儀も我
祖宗以來附庸之國に候處既に當年佛朗西博覽會之節も一時奸謀之者有之獨立國なとゝの說を唱へ候儀も有之に付速に辯解致し事濟候へ共是又爲念舊記等書拔幷去る戌年中横濱在留貴國公使ニール氏より問合之節相答候書付共今度英文に譯し御目にかけ候間いつれも得と御熟覽有之度候

一大名之儀は御國內之儀に付善惡共關係不致候得共英國おいては大君と條約取結ひ御親睦致し候儀に付大名ゟ荷擔致候儀等は決ゐ無之候間其邊は御懸念無之樣仕度候

日本之儀に付御書記之もの御見せ被下候段は難有存候得と拜見可致候

琉球之儀も得と熱覽取調可申候

一扨又今一事談話およひ度儀は

当大君思召等之儀は前段申述候通りに有之且今度我　公子御尋問に付
於貴國萬端御懇切御丁寧之御取扱にて貴國御本意之程も相見へ候事に
有之然る處當春於阪城各國公使謁見之節外公使はいつれもマチステー
之敬稱を相用ひ貴國公使のみヒスハイネスと被稱候は一體條約面にも
マチステーと有之是迄各國共右條約面を本として異論無之處貴國公使
に限り是迄と變りヒスハイネスと改められ候は何等之行違に候哉貴政
府おいては是迄も我政府之爲に懇親を表し種々盡力も有之殊に當大君
前件之思召を以此上共益親睦を被盡候時に當り右敬稱等之邊に於て御
異論有之儀は萬々有之間敷事にて恐らくは公使一時之取計にも可有之
哉と被存候尤其節一應評議も有之候へ共素々交際を厚く被遊候思召に
て各國公使一同拜謁も被　仰付候儀之處右等之邊にて彼是議論を生し
英公使而已謁見不被　仰付候ては御不本意之儀に付先つ枉て其儘に爲
御濟相成候儀にて素より貴國政府之御本意右樣之譯とは不被存候其證

は今度民部大輔殿御取扱振等格別御懇親にて禮節上おいて少しも無所闕滿足被致候樣御仕向け相成候にても判然相分り申候左すれはマチステーゝ敬稱は依然條約面ゝ通各國同樣被相用候事にてヒスハイネスは全く公使一時ゝ取計より出候事に相違有之間敷と被存候間以來共矢張マチステーゝ敬稱を被用候樣横濱在留貴國公使ゟ御達し有之度存候一右パークス申上候は英語にゟ相違致し候哉日本語にゟ相違致し候哉

一英語に有之候

一一體御國にゟ敬稱ゝ次第は如何御唱御座候哉

御門は何々大君ゝは何々と申候御國ゝ敬語承知致し度候

一本邦にゟは禁裏樣公方樣と奉稱候さまの語敬稱に相當り別に判然致し候次第は無之候

一失敬ゝ儀等申上候所存は決ゟ無之いつれにも御相當ゝ敬稱相用候心得に御座候尤マチステーと申は英國にては第一ゝ敬稱に有之候

一諸事條約面を準據と致候儀に付條約に相違いたし候儀有之候ゟ自然他
事へも差響き不都合に候間いつれにも條約面に有之候通にいたし度候
一委細承知致し候へ共御卽答は難出來候
於大坂公使謁見之節は御懇親御丁寧之御接待之旨委細パークスゟ申
越於女王も大慶致し候右御禮御歸國之上宜被仰上被下度候
パークス儀は全權委任之者にゟ同人申上候儀は則政府申上候儀に付
御信用被下候樣致し度候
右畢ゟ散席

徳川民部大輔歐行一件　附佛國博覽會　巻十四

一　錫賣渡の件朝比奈甲斐守より和蘭商會への書翰

附同商會請取書　明治元年正月廿二日

一昨日被差出候書翰落手致し候香港へ送し錫賣捌方之儀共承知致し候且徳川民部大輔殿爲替五千弗之儀は此後共無差支被取計候樣いたし度右代り銀は兼而申進置候通り證書來著之上戻入候積用意致し有之候右報酬如此候拜具

慶應四年戊辰正月廿二日　御勘定奉行　朝比奈甲斐守　花押

和蘭商社へ

追而小栗上野介儀は退役致し候間拙者ゟ申進候

○

民部大輔殿の勘定の爲日本政府ゟ八萬弗の高を落手せり是の爲余壹ヶ月に付五千弗を和蘭國ハンドルマートスカッペイ方へ入金せり
横濱千八百六十八年第四月一日
和蘭商社惣代
ファンデルタック

二　右同件　明治元年二月　日

民部大輔殿之爲八萬一分の勘定の惣計を日本政府より請取たり之れ余の請合を以て荷蘭商社へ與へたり但し一ヶ月五千ドルラルの割合なり
千八百六十八年第四月一日横濱にて
荷蘭商社のアゲント
ハンデルタック手記

三　留學生歸朝の件栗本安藝守への達　明治元年正月

（巻表）栗本安藝守へ

覺

英佛魯蘭本國へ被差遣有之候留學生共一同引上け歸朝候樣其方より可被致通達候事

但英魯蘭生徒共其本國々々より直に歸朝候とも佛國へ呼寄一と纏に歸朝爲致候共何れにも不都合無之樣取計候事

四　民部大輔留學費受領の件栗本安藝守より川勝近江守への書翰　明治元年三月廿五日

以內狀啓上いたし候然は民部大輔殿巴里御留學中御入費金月々五千弗荷蘭商社ゟ請取方之儀最初取極候手續も有之候に付是迄山高石見守調印を以請取來候處同人儀先般御附御免被仰付候上は同人調印を以請取候儀は

戊辰三月廿五日

不都合に付當然拙者調印請取候樣取計可然筈之處公子御入用筋は澁澤篤太夫に爲取扱置候に付以後同人之調印を以爲請取候樣取計申候右は拙者儀御用濟歸朝之節は自然右同人ニ引繼可申儀に付彼是手續入込候而は先方迷惑之程も難計候間右之通取計申候此段御承知之上御勘定所ニ御達被成度存候尤右に付石見守ゟ荷蘭商社ニ申遣候書狀之寫差進候間右にて委細御承知可被成且又篤太夫印鑑をも相添差進候間是又御勘定所ニ御廻し可被成候右之段可得御意如此御座候以上

辰三月廿五日　栗本安藝守印

川勝近江守様

返翰閏四月廿一日の條に載す

五　佛國滯留費受取方の件山高石見守より在巴里和蘭商會代表者への書翰　明治元年三月廿四日

辰三月廿四日 西暦千八百六十八年第四月十六日 巴里おいて

荷蘭商社出張

モッシユールマルキユアルタンドレーに

以書翰啓上いたし候然は貴様會社より我公子巴里滯在中之入費として毎月荷蘭貨壹萬貳千五百ギユルデン 但五千弗 を是迄拙者調印之請取紙にて爲替取組來候處此度拙者儀公子御附御免相成候に付來る西暦第五月分より右請取方調印之儀は本文中書込差進候澁澤篤太夫調印を以請取可申候間此段御承知被成度尤右爲替方之儀は都て是迄之通にて差支無之候右之段可得貴意如此御座候以上

辰三月廿四日

山高石見守 花押

澁澤篤太夫 花押

右之通巴里出張之荷蘭商社に相達し來 西暦 五月分より書面篤太夫調印にて請

取可申候事

六　在英・佛・蘭・露留學生の件栗本安藝守への達　明治元年四月八日

戊辰四月八日
（卷表）栗本安藝守ヘ

覺」

先般各國留學生歸朝之儀申渡候樣相達候得共英公使より申立書翰差遣し候趣も有之候間來二月迄は滯英有之候樣川路太郎中村敬輔ヘ相達可被申候佛留學生之儀も英留學生同樣可被相心得候事
但蘭魯留學生は歸朝候樣可被取計候尤四ヶ國留學生共銘々見込を以是非とも歸朝致し度旨申立候はヽ時宜次第聞屆候樣可被致候

七　京坂變動等の件川勝近江守より栗本安藝守への

書翰　明治元年四月十七日

戊辰四月十七日

第三號御内狀致披見候然は御國内去暮ゟ之形况傳信機にゐ御承知之旨御申越致承知候其以後追々申進既に御承知とは存候得共尙大略申進候去卯十二月十三日　上樣二條御退城後京師之御摸樣六ヶ敷相成薩長土藝尾五藩々人數入込不穩趣之處當正月三日　上樣御上洛之御先供伏見表に於て同所護衛之薩州勢より及發砲候に付遂に戰爭に相成三日ゟ五日迄之間數度之手合にゐ御軍勢屢不利故同六日　上樣大坂御退城に付惣御人數不殘江戸表に引上ヶ同十二日　上樣江戸御入城相成申候然る處二月中ゟ京師表於て前件之御次第を以關東御追討之旨にゐ有栖川宮大惣督として柳原橋本兩卿附屬尾越薩長土藝其外諸大名之人數被差向候に付　上樣御恭順之爲二月下旬東叡山に謹愼被遊候處無程右官軍多人數御府内に繰込候に付日光御門主樣幷一橋殿田安殿始種々御歎願之趣も有之四月四日

勅使柳原橋本之兩卿入城格別寛大之御處置を以　勅諚之趣申渡有之同十一日御勅答相濟　上樣水戸表於而御愼被爲在候積にて同十二日御發途相成西丸城御引渡し海陸軍器械屯所共都而御引渡可相成積之處御軍艦不殘士官乘組同十二日脫走陸軍局も大抵同樣之儀に有之同十四日有栖川大惣督宮西丸御入城相成可申筈之處御延引不日御入相成候積當今御當家御家名御相續之儀御歎願中之趣に有之誠に以奉恐入候儀に成行一同心痛憂慮罷在候次第に御座候猶追々可申進候へ共此段不取敢御報如斯御座候以上

四月　日

川勝近江守

栗本安藝守樣

尙以御端書之趣承知いたし候且御書狀中西城御炎上之旨御書載有之候得共右は御別條無之候間左樣御承知可被成候

八　在露國留學生の件澁澤篤太夫より在佛露國特派全權公使への書翰　明治元年四月廿六日

戊辰閏四月廿六日

千八百六十八年第六月十六日巴里おいて

佛國在留魯西亞國帝陛下之全權特派公使

スタツクエーベルク閣下ニ

以書翰啓上いたし候然は我　大君殿下國務筋御門ニ相返し候に付爲留學各國都府ニ差遣置候士官共儀總而歸國爲致候積則別紙之通命令有之候就而は貴國都府ニ差遣置候生徒儀も早速引拂歸國爲致度此段我國表より御達可申之處各國生徒引拂方之儀も巴里おいて我　大君殿下之親弟德川民部大輔殿　大君之命令を以取扱候儀に付此段從拙者閣下ニ申進候閣下幸に前書之旨趣御諒察被成貴國政府ニ御通達之上我生徒共歸國之儀貴政府おいて被差許候樣いたし度依之別紙命令書寫相添此段得御意候以上

辰閏四月　澁澤篤太夫花押

英佛魯蘭〻差遣有之候留學生徒共一同引上け歸朝候樣其方ゟ可被致通達候事

尤右歸朝手續は巴里おいて取扱不都合無之樣取計可申候

右御達書之御旨趣少々振替候得共何分被仰越之通にては安藝守殿御出立後故御不都合に付右樣取計申候以上

九　佛國滯留費現在高調書　明治元年四月廿七日

御旅館御賄金御有高調書拔

一佛貨八萬三千四百三拾フランク貳サ　辰閏四月改 御有高

一同貳萬五千七百五拾フランク　辰閏四月廿七日荷蘭商社ゟ請取五千弗爲替第六月分

〆拾萬〇九千百八拾フランク貳サ
内
一貳萬七千五百九拾五フランク　英國留學生歸朝入用立替渡別紙調書之通
一壹萬三千五百フランク程　コンマンタント渡御旅館御賄御入用内渡其外連發銃代殘渡共追而仕上可渡相成候分
小以四萬千〇九拾五フランク
差引
〆六萬八千〇八拾五フランク貳サ
外に七百フランク　フロリヘラルト御預け蒸氣車札御買上之分
右之通御座候以上
辰閏四月廿七日
澁澤篤太夫

一〇　英國留學生歸朝旅費立替分調書　明治元年四月廿七日

英國留學生徒歸朝入費御旅館御賄之口ゟ立替候調書

高佛貨貳萬七千五百九拾五フランク

英國留學生徒拾貳人分歸國飛脚船賃其外倫敦引拂に付荷物運送賃海中諸入費として

又　貳千フランク

〆貳萬九千五百九拾五フランク

此譯

一貳千フランク

巴里ゟ馬塞里迄蒸氣車代荷物運賃共取締川路太郎中村敬輔へ渡

一貳萬五千五百七拾五フランク

生徒拾貳人分佛郵船二等船賃

但壹人に付
貳千百三拾壹フランク貳拾五サ

一貳千〇貳拾フランク

同斷英國出立之節諸仕拂航海諸入費渡

小以貳萬九千五百九拾五フランク

外　四千貳百六拾貳フランク五拾サ

同斷貳人分船賃佛國生徒御入用之內ゟ立替渡

右之通相渡諸拂向無差支當地出立爲致候以上

辰閏四月廿七日

澁澤篤太夫

一　各國留學生歸朝旅費及借用金の調書　明治元年四月廿七日

各國留學生徒歸國飛脚船代一等差引高幷殘金右會社より借用相成候

調書之覺

一佛貨六萬六千百貳拾五フランク　各國生徒合貳拾三人上等飛脚船　但賃壹人に付貳千八百七十五フランク

辰閏四月廿六日會社に相渡候分

一佛貨四萬九千〇拾八フランク七十五サ　同斷二等船賃　但壹人に付貳千百三十一フランク貳拾五サ

差引

〆壹萬七千百〇六フランク貳拾五サ

此弗三千貳百五拾八ドルラル三拾三セント　此度會社ゟ借用御國着之上可相渡分　但壹人に付五フランク貳拾五サン宛

右は生徒歸着之上償戻し之積を以兩人認印にて借用いたし候事

辰閏四月廿七日　栗本貞次郎
澁澤篤太夫

一二　大總督宮より民部大輔歸朝の件達書　明治元年五月七日

戊辰五月七日
（巻表）
開成所惣奉行
開成奉行　江

覺

別紙之通
大總督宮より被　仰出候間民部大輔殿御歸國達し方等之儀致勘辨可被申聞候事

○

徳川民部大輔

御用有之候間急速歸國可有之被　仰出候事

一三　民部大輔歸朝の件開成所惣奉行等上申書

附同指令書　明治元年五月二十日

（巻表）
民部大輔殿御歸之儀に付申上候書付

書面伺之通り可取計旨被仰渡奉承知候

辰五月二十日

開成所惣奉行

開成所奉行」

御別紙之通

大總督宮より被　仰出候間民部大輔殿御歸國御達し方等之儀致勘辨可申上旨被仰渡奉得其意勘辨仕候處民部大輔殿巴里於て御留學之儀は最初前上様より御國書を以佛帝ぃ御頼相成且御老中方ゟも同國大臣ぃ以御書簡被仰遣候趣も有之此度御歸國相成候にも前同樣當　上樣より御國書を以

被仰遣可然儀と奉存候得共左候ゟは御手重にも相成目今之御場合御不都合之儀共奉存候間今般御呼戻し相成候委細之事情は御手前樣方より民部大輔殿ゟ被仰進貞次郎ゟ近江守ゟ別紙之通り申遣且外國事務執政幷御國在留同國公使ゟ前條之趣御書簡を以被仰遣候はゝ可然哉奉存候依之御書簡案貳通取調尤佛帝幷同國役々之者へも御謝物等不被遣候ゟは不相成儀にはも有之候得共御差急きの事故右は追ゟ申上候樣可仕候此段申上候以上

辰五月

別紙書翰四通は本月晦日の條に掲載するを以て省略す

○

（卷表）

「可達趣

覺」

伺之通可被取計候事

一四　栗本安藝守横濱著の件開成所奉行よりの屆書　明治元年五月十八日

戊辰五月十八日
（卷表）
栗本安藝守其外横濱着港之儀に付申上候書付
開成所奉行

栗本安藝守幷支配調役並坂戸小八郎通辯御用出役熊谷次郎左衛門傳習生徒木村宗三高松凌雲山内文次郎大岡松吉菅沼左近將監同上傳習人赤松大三郎民部大輔殿御附大井六郎左衞門外家來小使にて三人都合拾三人當四月十七日佛國出帆昨十七日横濱港着仕都合次第出府仕候趣安藝守ゟ申越候此段御屆申上候以上

辰五月十八日

一五　民部大輔歸朝出迎等の件　明治元年五月廿五日

戊辰五月廿五日

〔水　戸　殿〕（卷表）

水戸殿家來井坂泉太郎服部潤次郎德川民部大輔殿爲御迎罷越候處佛國飛脚船に候得は言語も聊相通可申候得共英國船に乘組候ゐは何分片語も難通日用指支は扨置　上樣御親翰をも持參いたし候大切之御用筋萬一行違等出來候ゐは深以恐入候儀と心配致し候に付ゐは英國語學相心得候仁壹人御差添被遣候樣被相願度此段及御懸合候樣役人共申候

〇

戊辰五月廿七日

（卷表）開成所奉行ゐ

覺」

書面評議申聞候通相心得佛國飛脚船御雇相成差支無之哉彼方引合之上猶可被申聞候事

一六　民部大輔歸朝の件徳川家達より佛帝への書翰　明治元年五月晦日

戊辰五月晦日

恭しく

ハウヲートルマゼスチー佛蘭西國皇帝の許に白す徳川民部大輔儀先般其都府ニ相越引續留學致し候に付ては格別御親睦御厚意之御待遇を蒙し趣感謝之至りに候然處此度我國內變革之折柄早々歸國可致旨　勅命ありしにより其段民部大輔ニ申送り候一體數年留學之積に付同人おいても半途にして歸國致し候は定めし遺憾可存候得共　勅命に付前條之趣申送候間其段御亮察あられん事を布ふ將余の先公退隱致し候に付余今般徳川家繼統相續いたし候間併せて拜述およひ候謹言

慶應四年辰五月晦日　　徳川家達花押

五月晦日御下け六月朔日水戶殿家來日置熊次郎ニ近江守より渡す

一七　平岡丹波等より佛國外務大臣への書翰　明治元年五月晦日

戊辰五月晦日

以書狀致啓上候德川民部大輔殿儀其都府ゟ留學いたし候に付ゐは諸般御周旋被下御懇篤之御待遇に預り候處此度我國內變革　御門陛下より早々歸國可致旨　勅命有之候間其段民部大輔殿へ申送候一體數年留學之積に付同人於ゐも半途にして歸國いたし候者定めし遺憾可存候得共　勅命に付前條之趣申送り候儀に有之將栗本安藝守航海無恙我五月十七日貴國第七月六日歸着いたし候貴國政府於て一方ならす御親睦御厚意被下候段逐一申立拙者ともおひても感佩いたし候猶此方歸國之手續等可然御心添有之候樣希望いたし候將右之儀に付我當君より貴國皇帝陛下ゟ書翰拜送被致候間右書簡御差出方可然御取計且余等前條陳述之趣幷謝詞等皇帝陛下ゟ御奏聞被下候樣願ふ所に候右可得御意如此御座候以上

五月晦日

河津伊豆　花押
服部綾雄　花押
大久保一翁　花押
平岡丹波　花押

佛蘭西國外國事務執政閣下

一八　同上佛國公使への書翰　明治元年五月晦日

戊辰五月晦日

以書狀致啓上候公子民部大輔殿貴國ゟ留學被致候に付而は其政府は勿論先任公使にも厚く御周旋有之萬端都合も宜敷忝感謝之至存候然處今般御同人儀早々歸國いたし候樣可申遣旨　勅命有之候些かの歲月に學科研究之間合も無之歸國之儀申遣候儀遺憾なから　朝命に付其段我當君より貴國皇帝陛下へ書簡を以建言被及且余等より民部大輔殿ゟも　勅命之趣

申遣候右可得御意如此御座候以上

五月晦日

河津伊豆　花押

服部綾雄　花押

大久保一翁　花押

平岡丹波　花押

佛蘭西ミニストル閣下

一九　川勝近江守より栗本安藝守への書翰　明治元年五月晦日

戊辰五月晦日

以書狀啓上いたし候然は別紙之通大總督宮ゟ被仰出候間右之段民部大輔殿ゟ被仰立候樣いたし度尤委細は別紙を以參政方ゟ御同人樣ゟ被申上候右に付外國事務執政ゟ御歸國相成候段是亦參政方ゟ御書翰を以被仰遣候得共猶貴樣ゟも御達し方將此迄其國帝幷執政等厚く世話有之候謝詞

フロリヘラルトに右之趣御達し方等諸事御不都合無之様御取計可被成候

右之段可得御意如此御座候以上

五月晦日　　　　　　　川勝近江守

栗本安藝守様

尚々是迄御巡歴相成懇親之待遇御受被成候國々へも御歸國相成候趣は

民部大輔殿幷貴様ゟ謝詞御申入候方に可有之存候右は爲念申進候

二〇　東久世通禧等より民部大輔へ歸朝の件達書（明治元年三月廿一日）

（封表）

徳川民部大輔殿　　　　伊達少將

　　　　　　　　　　　東久世前少將」

此度

王政御一新に付可致歸　朝旨被　仰出候條申達候以上

三月廿一日　　　　　　伊達少將

東久世前少將
徳川民部大輔殿

二一 同上民部大輔よりの請書　明治元年五月廿七日

(封表)
伊達少將殿
東久世前少將殿
徳川民部大輔

此度
王政御一新に付可致歸　朝旨被　仰出候條御達之趣致承知候以上
辰五月廿七日
徳川民部大輔
伊達少將殿
東久世前少將殿

徳《とく》川《がわ》昭《あき》武《たけ》滞《たい》歐《おう》記《き》録《ろく》 一

日本史籍協會叢書 146

昭和 七 年二月二十五日發行
昭和四十八年十月 十 日覆刻

編　者　日本史籍協會
代表者　森谷秀亮
東京都三鷹市大澤二丁目十五番十六號

發行者　財團法人　東京大學出版會
代表者　福武　直
一一三　東京都文京區本郷七丁目三番一號
振替東京五九九六四電話(八一一)八八一四

印刷・株式會社　平　文　社
本文用紙・北越製紙株式會社
クロス・日本クロス工業株式會社
製函・株式會社　光陽紙器製作所
製本・有限會社　新　榮　社

日本史籍協会叢書 146
徳川昭武滞欧記録 一（オンデマンド版）

Digital Publishing

2015年1月15日 発行

編 者 日本史籍協会
発行所 一般財団法人 東京大学出版会
代表者 渡辺 浩
〒153-0041 東京都目黒区駒場4-5-29
TEL 03-6407-1069 FAX 03-6407-1991
URL http://www.utp.or.jp

印刷・製本 株式会社 デジタルパブリッシングサービス
TEL 03-5225-6061
URL http://www.d-pub.co.jp/

AJ045

ISBN978-4-13-009446-7 Printed in Japan